마케터를 위한
리서치 노트 ❷

정재선 편

Hankook Research

CONTENTS 목차

1 새로운 시장의 기회를 탐색한다

가치 혁신의 전략적 논리: 11
경쟁을 뛰어 넘어 새로운 시장 영역 만들기

Design Thinking을 통한 신제품 컨셉 개발   17

미래의 시장과 소비자는 어떻게 달라지나 :   25
중기적 미래 예측의 전략적 조사 방법

통계청 마이크로 데이터(MDIS)와 소비자 조사의 결합 :   33
1인 가구 타겟 상품기획과 수요 추정 사례

2 소비자의 심리적 리스크를 고려한다

신제품에 대한 심리적 비용을 어떻게 극복할 수 있나 :   51
신제품 컨셉 테스트를 개선하는 방법

소비자 선택에 영향을 주는 심리적 리스크의 측정과 관리   61

3 소비자의 마음을 읽는다

브랜드 이미지 포트폴리오를 위한 '언어 이미지 스케일'   69

EEG와 Eye Tracking을 동시에 이용한 뉴로사이언스   79
광고 효과

4 최적의 소비자 감각을 구현한다

최적의 소비자 감각을 구현하는 제품개발 조사방법 :   93
GPA를 활용한 Sensory Test 최적화 사례

Sens'Visor®: 소비자 눈높이로 측정하는 Sensory Test :   103
평가 속성 개발과 개선점 도출을 위한 관능조사

5 가상현실(VR)로 소비자가 선호하는 디자인을 평가한다

가상현실(VR)과 뉴로사이언스를 활용한 자동차 디자인 평가   119

VR을 이용한 자동차 클리닉 조사의 6가지 프로토콜   127

CONTENTS 목차

6 소비자 선택 요소를 최적화한다

소비자 선택을 최적화하는 상품과 서비스의 속성 :   137
컨조인트 분석을 활용한 소비자 선택의 정량적 탐색

ACBC 컨조인트 분석을 활용한 소비자 선택 요소의 최적화   149

7 여러 가지 속성의 상대적 중요도를 측정한다

소비자 선호도를 정확하게 측정하는 MaxDiff 조사 방법   163

체계적이고 효과적인 의사 결정을 위한 AHP 분석 방법   169

8 소비자 조사의 결과를 비교하고 해석한다

소비자 조사결과를 비교하고 해석할 수 있는 기준 :   177
한국리서치 H-NORM® 데이터베이스

9 리테일 마케팅을 디자인하고 측정한다

쇼핑의 과학: 성공적인 리테일 매장 디자인   189

오프라인 매장의 서비스 품질을 어떻게 측정할 수 있나 :   197
미스테리 쇼퍼를 활용한 매장 모니터링 조사

10 Voice UX를 통해서 고객과 교감한다

소비자 교감을 위한 대화형 마케팅 플랫폼의 진화   209

소비자 조사를 통한 효과적인 챗봇 서비스의 기획과 설계   217

음성인식 사용자 경험 (Voice UX)의 12가지 특성   227

CONTENTS 목차

11 고객서비스로 새로운 고객경험을 창출한다

애프터 서비스의 고객 경험과 감성 응대 237

연결된 소비자 경험을 확장하는 고객 서비스의 진화 : 247
글로벌 '테크놀로지 기업'과 '럭셔리 브랜드'

12 자동차 애프터마켓 시장을 탐색한다

자동차 애프터마켓 마케팅·영업 전략 수립을 위한 263
한국리서치·GiPA 글로벌 신디케이트 조사

13 의료시장의 잠재력을 탐색한다

전문의약품(ETC) 시장조사를 위한 의사패널 273

헬스케어 4.0, 의료서비스 품질은 어떻게 측정하나 : 281
환자 중심 의료서비스 경험의 측정방법

14 인적자원관리의 새로운 패러다임을 제시한다

HR 4.0 시대, 몰입과 성과에서 경험 중심 패러다임으로 :   293
직원 경험 조사(Employee Experience Survey)

15 마케팅의 비용과 가치를 측정해야 한다

마케팅 의사결정을 위한 마케팅 종합정보조사의 제안   307

박람회, 전시회의 마케팅 ROI를 어떻게 측정할 수 있나?   315

PART 1
새로운 시장의 기회를 탐색한다

가치 혁신의 전략적 논리: 경쟁을 뛰어 넘어 새로운 시장 영역 만들기

1
research note

한우석 한국리서치 혁신연구센터

대부분의 기업은 경쟁자를 이기는데 전략을 집중한다. 기업은 경쟁사 대비 전략적 우위를 확보하기 위해 품질과 가격으로 승부를 한다. 시장 점유율을 높이는 전략을 추진하고 시장 세분화로 제품과 서비스를 차별화하여 고객 기반을 확장하는 전략을 구사한다.

가치를 혁신하여 새로운 시장을 개척하려는 전략을 추구하는 기업은 다르다. 가치 혁신 기업은 기존 산업의 조건을 주어진 것으로 받아들이지 않는다. 가치 혁신 기업은 경쟁사 대비 시장 점유율을 확대하기 위해 자원을 투입하는 제로섬 전략을 추구하는 대신 가치의 도약을 통해서 기존 산업의 한계를 초월하는 전략을 구사한다.

가치 혁신 기업은 시장 세분화 전략에만 의존하지 않는다. 이들 기업은 고객 차별화 전략이 정작 중요한 핵심 요인의 파악에 걸림돌이 될 수도 있다고 본다. 대신 핵심 고객이 원하는 본질적 가치를 창출하는 전략에 집중한다. 가치 혁신 기업은 새로운 사업을 추진할 때 기존 산업에서 정의된 상품과 서비스에 국한하지 않고 고객이 원하는 편익의 본질과 핵심을 어떻게 제공할 수 있을지를 우선으로 한다.

표 1-1 일반 기업과 가치 혁신의 전략적 관점의 차이

	기존 기업의 전략	가치 혁신 기업의 전략
산업에 대한 관점	기존 산업의 틀을 수용	기존 산업의 틀을 벗어나는 전략
전략적 관점	경쟁 우위를 추구하는 전략	가치의 도약을 추구하는 전략
고객 지향성	고객세분화, 제품차별화를 통한 고객기반 확대	다수 고객에게 혁신적인 핵심 가치 제공
투자에 대한 관점	기존 투자 역량의 최적화	신규 투자의 관점으로 접근
제품과 서비스의 구성	기존 산업의 제품 구성 유지	혁신적 가치를 제공하는 파격적 제품/서비스 구성

새로운 가치 곡선의 창출

가치 혁신 전략은 어떻게 실행할 수 있나? 김위찬과 르네 마보르네는 가치 곡선(value curve)으로 새로운 시장을 창출하는 과정을 설명한다.

가치 곡선은 산업이나 업종에서 여러 가지 성공 요소의 차원 별 경쟁력을 비교하는 도표이다. 경쟁 우위를 중심 개념으로 하는 기존 패러다임에서 개별 기업은 모든 경쟁 요소에서 우위를 점하는 방식으로 접근한다.

가치 혁신 기업의 전략은 다르다. 가치 혁신 기업은 기존의 가치 곡선에서 경쟁 우위를 추구하는 대신 가치 곡선 자체를 변화시키는 전략을 구사한다. 가치 혁신 기업은 네 가지 전략적 질문을 던진다.

- 현재 업계에서 당연하게 생각하는 요소 중 **제거할 수 있는** 요소는 무엇인가
- 현재 업계에서 중시하는 요소 중 **축소가 가능한** 요소는 무엇인가
- 현재 업계가 고려하는 요소 중 더욱 **증대하여야** 하는 요소는 무엇인가
- 현재 업계가 전혀 고려하지 않는 요소 중 새로 **창출해야** 하는 요소는 무엇인가

가치 혁신 기업의 첫 번째 질문은 다른 기업과 경쟁하는 요소가 실제로 고객에게 가치를 제공하는 요소인지를 재검토하는 것이다. 가치 혁신 기업의 두 번째 질문은 기업이 경쟁 우위를 확보하기 위해 상품과 서비스를 필요 이상으로 구성하여 고객에게 제공하는 부분이 있는지를 검토하는 것이다.

가치혁신 기업의 세 번째 질문은 기존 산업의 상품이나 서비스가 고객에게 불편함을 요구하는 요소가 있는지를 확인하여야 한다. 가치 혁신 기업의 마지막 질문은 기존 산업의 틀을 넘어서서 새롭게 창출할 수 있는 가치 영역이 무엇인지를 발견하려는 질문이다.

프랑스의 저가형 호텔 체인은 대다수 고객이 원하는 것은 별의

개수와 같은 호텔 등급이 아니라 저렴한 가격에 편안한 수면과 휴식을 취할 수 있는 객실이라는 점을 간파하고 호텔 산업의 가치 혁신을 추진하였다.

이 호텔 체인은 화려한 라운지와 값비싼 호텔 레스토랑과 같은 시설을 없애고 객실 당 원가를 반으로 줄이면서도 별 2개 수준 이상으로 편안한 휴식과 수면을 제공하는데 주력하였다. 그 결과 이 호텔 체인은 많은 여행자를 고객으로 확보하고 몇 시간의 휴식이 필요한 직장인이나 트럭 운전사를 신규 고객으로 확보하는 성과를 거두었다.

가치 혁신의 아이디어 찾기

가치 혁신의 아이디어는 어디서 찾을 수 있나? 이러한 아이디어가 시장에서 성공할 가능성은 어떻게 알 수 있나?

김위찬과 르네 마보르네는 '고객효용지도'(buyer's utility map)을 통해 소비자가 가치 혁신 기업의 아이디어를 수용할지를 예측할 수 있다고 제안한다. '고객효용지도'는 고객 경험의 사이클(buyer experience cycle)과 효용 가치(utility leverage)의 두 개의 축을 교차하여 구성한다.

고객 경험 사이클은 구매(purchase), 배송(delivery), 사용(usage), 부가품(supplement), 유지 보수(maintenance), 처분(disposal) 등

여섯 가지 단계로 구성한다. 고객효용지도의 또 다른 축인 효용 가치는 고객 관점의 생산성(customer productivity), 단순함(simplicity), 편리성(convenience), 위험 요인(risk), 재미와 이미지(fun and image) 그리고 환경 친화성(environment friendliness)으로 구분한다.

'고객효용지도'에서 고객경험 사이클과 효용 가치의 두 축을 교차하면 36개의 개별 셀을 구분할 수 있고 신제품 아이디어가 어떤 셀에서 기존 제품과 다른 혁신적인 가치를 제공하는지를 판별할 수 있다.

일반적으로 기업의 전략은 동일한 고객 경험 단계에서 동일한 효용 차원의 경쟁에 집중한다. 반면 가치 혁신 기업은 동일한 고객경험 단계에서 새로운 효용 가치를 제공하거나 새로운 고객 단계에서 다른 효용 가치를 제공하는 전략을 구사한다.

그림 1-1 고객효용지도의 Framework

	The Six Stages or the Buyer Experience Cycle					
The Six Utility Levers	1. Purchase	2. Delivery	3. Use	4. Supplements	5. Maintenance	6. Disposal
Customer Productivity						
Simplicity						
Convenience						
Risk						
Fun and Image						
Environmental friendliness						

가치 혁신의 탐색을 위한 마케터와 리서처의 역할

　가치혁신은 완전히 새로운 제품이나 서비스가 아니다. 가치혁신은 기존의 시장 논리로 파악하지 못한 소비자의 마음 속에 있는 니즈를 탐색하는 것에서 우선 시작한다.

　가치 혁신은 새로운 기술 그 자체 보다는 소비자에게 제공하는 효용과 가치의 본질이 무엇인지에 집중한다. 가치 혁신 기업은 신제품이나 서비스가 소비자의 생활을 어디서, 어떻게, 얼마나 바꿀 수 있을 지에 주목한다.

　제품 개발의 방향은 기술적 가능성 보다 제품이 실제 고객에게 제공하는 가치와 효용으로 정해야 한다. 해마다 출시되는 수많은 하이테크 제품 중에 시장에서 성공하는 사례는 많지 않다. 그 이유는 가치 혁신의 전략적 접근을 충분히 고려하지 않았기 때문이다.

　시장 경쟁의 영역과 경계를 넘어서 새로운 혁신적인 가치를 창출하는 것은 21세기 경영전략의 핵심이다. 시장에 잠재된 가치를 새롭게 발견하고 가치 혁신의 방향을 제시하는 것은 모든 마케터와 리서처의 가장 중요한 임무이다.

Design Thinking을 통한 신제품 컨셉 개발

2 research note

김동우 한국리서치 마케팅조사 사업1본부
진현영 한국리서치 마케팅조사 사업1본부

Design Thinking의 배경 및 개념

소비자가 제품을 구입할 때 품질과 기술적 완성도라는 기능적 가치뿐 아니라 디자인과 브랜드같은 감성적 가치도 중시한다. 스티브 잡스는 "디자인은 인간이 만들어낸 창조물의 원천적 영혼(soul)이며 제품, 서비스의 외형에 겹겹이 내재되어 표현된다"고 말하였다. (Design is the fundamental soul of a man-made creation that ends up expressing itself in successive outer layers of the product or service.)

디자인은 제품의 외양에 적용하는 수준을 넘어 '고객이 경험하는 모든 것'에 적용 가능하며 상품 기획, 개발, 마케팅, 서비스 과정에서 디자인적 사고를 응용할 수 있다.

로저 마틴(Roger Martin) 교수는 '디자인 씽킹 바이블'에서 "디자이너는 디자인의 대상보다 사람에 집중하여 인간의 욕구와 감정을 이해하고 공감하는 것으로부터 창조적인 작업을 시작해야 한다"고 강조한다.

디자인 씽킹은 디자이너가 "문제를 해결하거나 새로운 컨셉을 만들어내는 사고 과정을 일반화한 것"이다. 디자인 씽킹은 또한 "연역적 추론과 귀납적 추론을 통한 분석적 사고와 창조성과 혁신을 강조하는 직관적 사고가 역동적으로 상호작용을 하는 것"이다.

Design Thinking 프로세스의 특징

디자인 씽킹은 분석적 사고와 직관적 사고를 모두 활용하는 통합적 접근이다. 디자인 씽킹을 통한 제품 개발 프로세스는 사용자(소비자)가 원하는 방향으로 해답을 찾아가기 위해 '공감하기', '문제를 정의하기', '아이디어 내기', '프로토타입(prototype) 만들기', '테스트하기' 등 다섯 단계로 구성된다.

그림 2-1 디자인 씽킹의 프로세스 개념도

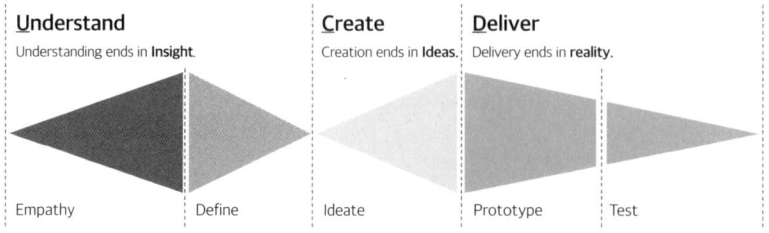

디자인 씽킹 1단계: 공감하기 (Empathy)

디자인 씽킹의 첫 번는 사용자가 원하는 것이 무엇인지 확인하는 '공감하기' 단계이다. 사용자의 니즈를 탐색하는 방법으로 '관찰하기'(field observation), '스스로 체험하기'(participatory research), '깊이 있게 물어보기'(in-depth interview) 의 방법을 활용한다.

사용자의 행동과 주변 환경을 관찰하고 연구자가 직접 사용자가 되어 체험한 것을 바탕으로 사용자의 공간에서 경청하고 이해하는 인터뷰를 통하여 사용자의 관점을 이해하고 공감하는 과정이다.

디자인 씽킹 2단계: 문제를 정의하기 (Define)

디자인 씽킹의 두 번째 단계는 '문제를 정의하는' 단계이다. 이 단계는 '공감하기'에서 수집된 정보를 해석하고 종합하여 새로운 인사이트를 발굴하는 단계이다.

관찰, 체험, 인터뷰를 통해 사용자의 행동과 언어에 내재된 욕구(니즈)가 무엇인지 발견하고 그 욕구를 충족시키기 위해 해결해야 할 과제가 무엇인지를 파악하는 단계이다.

디자인 씽킹 3단계: 아이디어 내기 (Ideate)

디자인 씽킹의 세 번째 단계는 사용자의 욕구를 해결하는 다양한 아이디어를 도출하는 단계이다. '아이디어 내기'는 분산적 사고

(확산)와 수렴적 사고(집중)를 필요로 한다.

'아이디어 내기'에서는 브레인스토밍 등을 통하여 문제를 해결하기 위한 다양한 아이디어를 모으는 분산적 사고 과정을 거친 후 반드시 구현해야 하는 핵심적인 아이디를 분류하여 도출된 아이디어의 우선 순위를 정하는 수렴 과정을 거친다.

디자인 씽킹 4단계: 프로토타입 만들기(Prototype)

프로토타입 만들기 단계에서는 분산 및 수렴 과정을 거쳐 수집된 아이디어를 바탕으로 사용자가 시제품(또는 서비스)을 이용하는 상황을 상정한 시나리오를 작성한다.

이 시나리오를 중심으로 사용자의 실제 사용 모습(scene)과 필수적인 핵심 기능 요소(function & feature)를 시각화한다.

디자인 씽킹 5단계: 테스트하기(Test)

디자인 씽킹의 마지막 단계는 준비한 프로토타입을 사용자 혹은 이해관계자가 직접 사용하고 평가한 후 개선의견을 구하는 피드백 과정이다.

이 단계는 실제 소비자의 사용 경험에 대한 이해를 깊이 있게 탐색하고 프로토타입의 개선 방향을 검증하는 과정이며 피드백을 바탕으로 개선 작업을 거쳐 다시 테스트한다.

그림 2-2 Design Thinking의 5 단계 프로세스

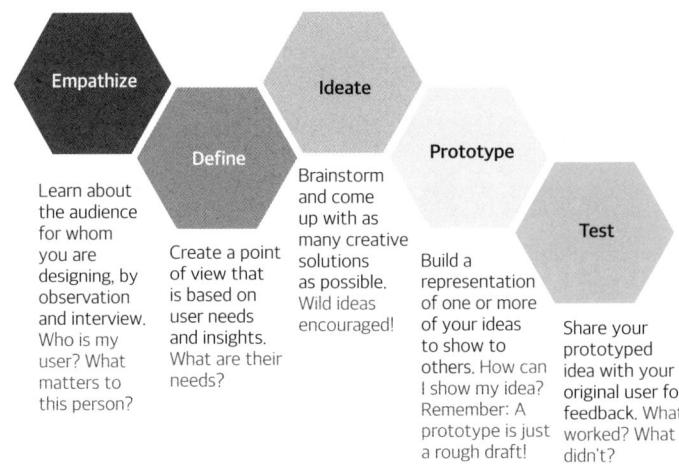

신제품 컨셉 발굴을 위한 디자인 씽킹 프로세스

신제품 컨셉 발굴을 위한 조사 모델로 FGD, Gang Survey, Creative Workshop등의 정성적 조사방법을 활용하는 경우가 많다. 그러나 디자인 씽킹의 관점에서 보면 기존의 정성적 접근은 분석적 사고와 직관적 사고를 종합하는 요소가 미흡하다는 한계가 있다.

신제품 컨셉이나 아이디어 발굴 과정에 디자인 씽킹의 관점을 적용하면 네 가지 단계의 프로세스가 필요하다.

데스크 리서치와 전문가 인터뷰를 통한 타겟 시장 탐색

첫 번째 단계는 데스크 리서치를 통해 시장 트렌드를 확인하고 전문가 심층 인터뷰를 통하여 시장 트렌드를 정교화하여 신제품 개발의 주제와 방향을 설정하는 단계이다.

데스크 리서치에서는 제품과 연관되는 전반적인 시장과 소비자의 트렌드를 수집하고 수집된 트렌드를 체계적으로 분류한다. 연구자와 고객사의 제품개발 담당자가 참여하는 내부 워크샵을 통하여 타겟 시장의 소비자를 위한 제품의 핵심적 주제를 설정한다.

이 단계에서는 2차 자료 뿐 아니라 구글 트렌드, 웹 크롤링, 버즈 분석 등을 통해 온라인 공간에서 관측되는 소비자 관심사와 라이프 스타일의 변화를 탐색한다.

예를 들어 인스타그램의 해시태그나 페이스북에서 뷰티 제품과 관련된 소비 트렌드를 관찰하고 뷰티와 관련된 언급량을 집계하고 Mapping 하여 연관어에 내포된 감성과 취향을 분석하면 소비자에 대한 깊이있는 이해를 할 수 있다.

데스크 리서치와 내부 워크샵을 통해 주제를 정하면 그 주제에 가장 적합한 전문가를 선정하고 주제와 관련된 과제를 요청하고 인터뷰를 진행한다.

Mobile Dynamics를 돕한 다양한 아이디어의 발굴

이전 단계에서 타겟 시장의 트렌드를 파악하고 주제를 선정하여 이를 정교화한 후에 두 번째 단계는 각각의 트렌드와 주제별로 실제 소비자의 행동과 욕구가 무엇인지를 Mobile Dynamics 모듈을 적용하여 심층적으로 확인하는 과정이다.

Mobile Dynamics는 소비자의 일상 생활이나 특별한 이벤트 시점에서 제품과 서비스를 구매하고 사용하는 상황을 실시간으로 기록한다. 소비자가 느끼는 불만점과 개선 사항에 대한 아이디어를 취합하고 공유하여 인사이트를 얻는 조사방법이나.

Mobile Dynamics는 스마트 폰으로 조사를 진행하므로 시간, 공간의 제약이 없이 신속한 의견 공유가 실시간으로 가능하다. Mobile Dynamics조사는 조사 주제에 적합한 응답자가 참여하여 응답자 간 혹은 응답자와 연구자간에 서로 의견을 공유하고 추가 의견(feedback)을 수집하는 방식으로 진행한다.

Creative Workshop 을 통한 컨셉 개발

Creative Workshop을 통한 컨셉 개발은 이전 단계를 거쳐 정리한 주제와 소비자의 행동과 욕구를 기반으로 아이디어를 활용하여 프로토타입을 개발하는 단계이다.

Creative Workshop 은 참가자의 아이디어를 주제별로 수집하고 발표한 후에 평가과정을 거치며 추가적인 아이디어를 도출하고 정교화된 아이디어를 바탕으로 주제별 컨셉을 도출하는 과정이다.

이 단계에서 중요한 포인트는 분산적 사고와 수렴적 사고를 종합한 컨셉을 도출하는 것이며 일러스트레이터가 참여하여 제시된 아이디어를 시각화한다.

소비자와 전문가의 제품 개발 컨셉 평가

마지막 단계는 소비자와 전문가를 대상으로 제품 개발 컨셉의 시장성(marketability)을 평가하는 단계이다. 일반 소비자를 대상으로 Gang Survey 를 통하여 컨셉 수용도를 파악한다. 전문가 심층 면접 조사를 통해서 컨셉별 강점, 약점과 보완해야 할 점을 진단하여 제품 개발 컨셉을 보완하고 정교화한다.

맺음말

디자인 씽킹을 적용한 신제품 컨셉 개발 프로세스는 통상적으로 12주 내외의 기간이 소요되며 리서처와 마케터의 관여도가 매우 높은 조사 방법이다. 그러나 디자인 씽킹의 각 단계별로 분석적 사고와 창의적 사고를 역동적으로 적용하면 시장에서 성공가능성이 높은 신제품 컨셉과 인사이트 도출이 가능하다는 장점이 있다.

미래의 시장과 소비자는 어떻게 달라지나: 중기적 미래 예측의 전략적 조사 방법

3 research note

안선주 한국리서치 마케팅조사 사업1본부

신제품 컨셉을 개발하거나 시장에 출시할 신제품의 수용도를 평가하는 것은 가까운 미래의 소비자 반응에 대한 예측이다. 사회 트렌드 변화가 빨라지면서 Y+2 이후 중기적 미래의 제품 컨셉을 개발하는 단계에서 미래 예측 과정을 포함하는 경우가 증가하고 있다.

미래 예측은 많은 가정을 기반으로 한다. 중기적 예측에서는 하나의 제품 카테고리를 넘어서 주거 환경 트렌드와 같은 사회 문화 전반의 변화 추세를 점검하여야 한다.

예측 기간이 1년 정도인 단기적 예측을 넘어선 중기적 예측은 선형적, 추세적 분석 등 정량적 기법을 적용하는 대신 정성적 방법을 통하여 미래의 변화를 탐색해야 한다.

미래 예측의 정성적 방법은 연구 주제, 연구 수준에 따라 다양한 접근을 선택할 수 있다. 중기적 미래 예측은 자료의 체계적 탐색을 기반으로 하는 문헌 조사(desk research)와 관련 분야 전문가를 대상으로 미래 시나리오를 탐색하는 전문가(expert) 조사, 그리고 혁신에 민감한 소비자(future innovator)를 대상으로 한 조사 등을 활용한다.

여기서는 공유 오피스, 재능 플랫폼, '긱 이코노미'(gig economy) 등으로 최근 화두가 되고 있는 미래 노동시장의 중기적 예측 사례를 소개한다.

그림 3-1 중기 미래 예측 조사 방법

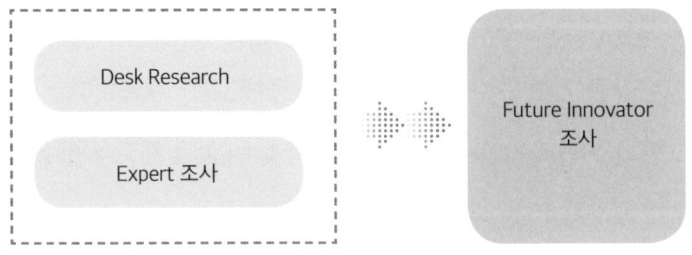

미래 예측의 출발점: Desk Research

검색엔진으로 인터넷에서 자료를 찾는 것이 쉬워지면서 데스크 리서치는 더 어려워졌다. 신뢰할 수 있고 가치가 있는 정보를 구분하는 것이 더 복잡해졌기 때문이다.

중기 미래 예측을 위한 자료 수집에서 업종의 트렌드를 이해하는 것으로 충분하지 않다. 단일 업종의 범위를 넘어서 사회, 문화, 기술, 경제, 환경, 정치(규제) 등 영향을 주는 모든 요인을 고려해야 한다. 소비자 생활 방식과 행동 양식의 변화는 다양하고 복합적인 요인의 영향을 받기 때문이다.

미래 노동 시장 예측에서 가장 중요한 요인은 청년층 인구가 감소하고 고령층 인구가 급격히 증가하는 인구구조의 변화이다. 인공지능과 자동화 기술로 생산성은 향상되지만 경제 성장과 고용이 크게 늘어나지 않는 추세도 주목해야 한다. 고용을 유도하고 고용 복지를 추진하는 정부 정책도 고려 요인이다.

표 3-1 미래 노동 시장에 영향을 주는 요인들

사회(문화) 요인	기술 요인	경제 요인	정치(규제) 요인

·인구구조 변화
  - 고령층 인구 증가
  - 청년층 인구 감소
	·인공지능/로봇
	·노동 생산성 증가
	·디지털 기술 발전
	·통신 기술 발전
		·장기 저성장
		·고용률 정체
			·고용 정책
			·노동 복지 정책

- 인구구조 변화로 생산 인구가 감소하면 노동력 공급이 줄어들지만 은퇴 이후의 수명이 증가하여 일자리를 구하려는 노동자 수는 증가할 수 있다.
- 저성장 경제에서 기업은 신규 채용을 크게 늘이지 않을 것이다. 정부의 세제 혜택이나 보조금은 채용 규모에 긍정적 영향을 줄 수 있다. 반면 최저 임금 인상, 정년연장 등은 기업의 채용규모를 줄이는 결과를 초래할 수도 있다.

- 기술 발전은 일자리 수요에 영향을 준다. 미래에는 인공지능과 로봇 등 지능화 기술이 인간의 작업을 대체할 것이다. 디지털과 IT 기술의 발전으로 원격근무가 가능한 환경이 조성되면 업무 외주화 범위가 확대될 수도 있다.
- 신규 일자리가 감소하고 구직자가 증가하면 취업경쟁이 심해진다. 그럴 경우 임금 수준이 하방 압력을 받게 되고 이전에 한 개의 직업으로 생활하던 사람들이 '세컨드 잡'을 찾게 되면 구직 희망자는 더 증가한다.

지금까지 논의한 내용을 시스템 맵(system map)으로 구성하면 다음과 같은 그림이다. 시스템 맵은 복합적 요인의 상호 관계를 직관적으로 보여주는 효과적인 방법이다.

그림 3-2 미래의 노동시장에 영향을 주는 요인들의 시스템 맵

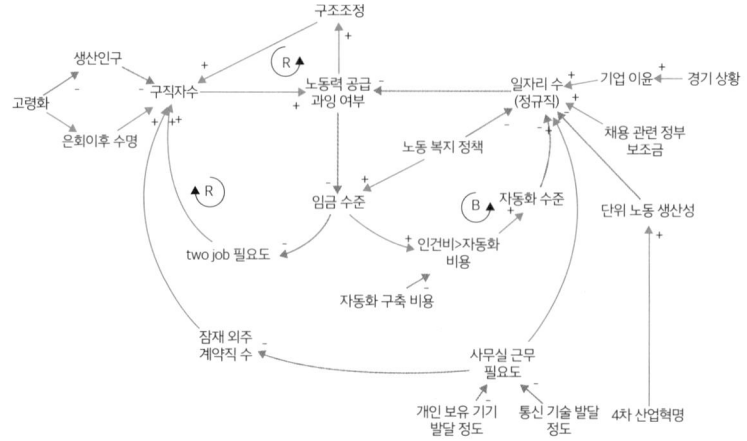

예측 시나리오를 통하여 미래의 변화를 구상할 수도 있다. 다음은 하와이대학의 미래학연구소에서 개발한 미래 예측을 위한 네 가지 시나리오를 작성하는 프레임이다.

그림 3-3 하와이대학 미래학연구소의 미래 예측 시나리오 프레임

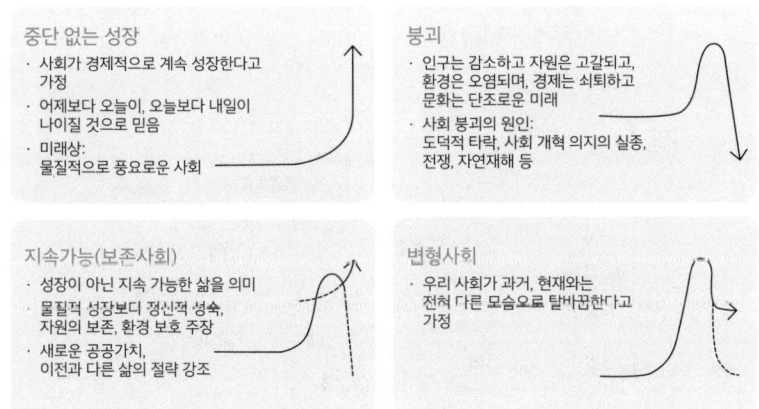

미래 변화의 시나리오 구성을 위한 전문가 조사

미래 예측에서 전문가가 중요한 이유는 기술 발전의 방향이나 미래 트렌드에 관한 정보와 지식을 가장 많이 알고 있기 때문이다.

전문가 조사의 핵심 포인트는 적격 전문가를 찾는 일이다. 전문가의 범위는 다양할수록 좋다. 과학, 기술 분야의 전문가는 대학이나 연구소 등 리서치 중심의 전문가 뿐만 아니라 현장 경험이 많은 실무형 전문가도 포함되어야 한다.

적격응답자를 만나기 위해 프로젝트 경험과 논문 발표 등의 내용을 통해 1차 대상자를 선정한다. 전문가 섭외 과정에서 미래 예측 주제에 대한 사전 질문을 통하여 깊이 있는 응답을 받을 수 있는 전문가를 선정한다.

그림 3-4 전문가 리쿠르팅 과정

응답자 후보 리스트 ▶ 응답자 섭외 ▶ 조사 내용 공유 전문가 참여 의향 확인 ▶ 최종 리쿠르팅

미래 혁신자(Future Innovator) 조사

미래 예측 연구에서 미래 혁신자에 대한 조사도 매우 중요하다.

제품과 기술의 수용에 관한 에버렛 로저스(Everett Rogers)의 혁신수용모델에 의하면 대부분의 신기술은 초기 수용자로부터 점차 시작되어 대다수의 사람으로 확산되는 과정을 거친다. 그러나 어떤 경우에는 제품과 기술의 수용 곡선이 꾸준히 성장했다가 정점에 도달한 후 사라진다. 어떤 제품은 초기에 빠르게 확산되었다가 바로 사라지기도 하고, 어떤 제품은 그렇게 사라지는 듯 했다가 다시 확산되기도 한다. 무어(Moore)의 캐즘 커브(chasm curve)와 가트너(Gartner)의 Hype Cycle은 이러한 현상을 반영하여 기술 수용 곡선을 수정한 것이다.

신제품 수용 곡선이 중간에 꺾이거나 사라지는 것은 소비자들이 변화를 아직 수용하지 못하거나, 신제품의 가치를 충분히 느끼지 못하거나, 신제품을 수용하기 위해 지불해야 하는 전환비용이 크기 때문이다. 스마트 TV의 경우 미래를 바꿀 신제품으로 기대되었지만 거실에서 소파에 기대어 시청하는 린백(lean-back)의 시청 행태를 바꾸기 어렵다. 결과적으로 스마트 TV 에 대한 수용도는 스마트 폰과 달리 예상보다 낮았다.

미래 혁신자가 겪는 문제를 점검하면서 미래 변화의 초기 현상이 개선되면서 지속될 것인지 아니면 사라질 것인지 점검할 수 있다.

그림 3-5 수정된 기술 수용 곡선

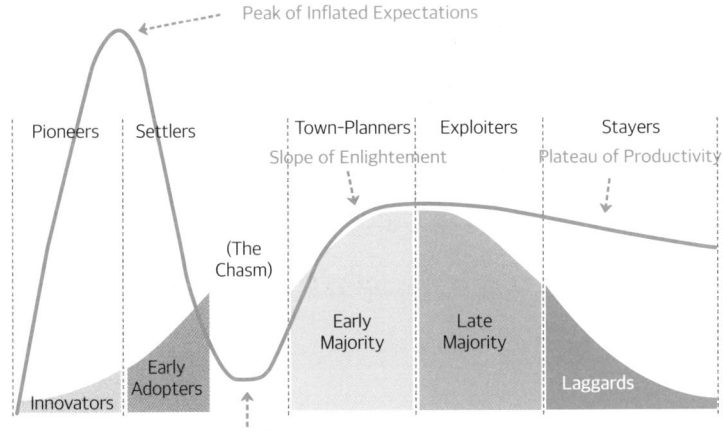

출처: https://www.linkedin.com/pulse/technology-adoption-wardley-maps-bimodal-it-tom-graves/

미래 혁신자를 찾아서 조사하기는 쉽지 않다. 우선 미래 혁신자에 해당하는 사람이 적고 조사 주제에 따라 적격 응답자가 아닌 경우가 많기 때문이다.

미래 노동 시장 예측의 경우 검색어 트렌드에서 '디지털 노마드' 빈도가 높아지고 있기 때문에 '디지털 노마드'나 '리모트 워커'를 미래 혁신자로 선정하였다. 그러나 미래 혁신자 대상의 인터뷰에서 디지털 노마드나 리모트 워커보다 '현지에서 한 달 살기' 등의 장기 휴가가 새로운 미래 트렌드로 등장하고 있고 이들의 성향에 공통적인 요소와 차이점이 있다는 사실을 발견하였다.

맺음말

중기적 미래의 예측에는 다양하고 복합적인 요인에 대한 정성적 접근이 필요하다. 그러기 위해서는 데스크 리서치를 종합하여 시스템 맵을 구성하고 전문가 조사를 통해 미래 시나리오를 구성한다. 미래 혁신자에 대한 조사를 통하여 혁신적인 소비자의 인사이트를 발견하고 잠재적인 문제 요인을 파악하는 단계적, 체계적 접근이 효과적이다.

통계청 마이크로 데이터 (MDIS)와 소비자 조사의 결합: 1인 가구 타겟 상품기획과 수요 추정 사례

신정호 한국리서치 마케팅조사 사업7부

인구학적 사고와 마케팅 이슈의 만남

새로 개발한 상품의 타겟을 정하고 수요를 예측하는 것은 마케팅의 본질이다. 그러나 마케팅 관점에서 타겟 시장의 인구·가구 크기와 세부 구성을 꼼꼼하게 따지고 있을까?

인구·가구는 생산의 주체일 뿐 아니라 소비의 주체이다. 상품의 시장규모도 타겟 인구·가구의 크기에 의해 결정되고 인구·가구의 세부 구성에 따라 달라진다.

기업 입장에서는 인구·가구의 변화가 기업 생존에 결정적 요소가 될 수 있다. 기존 시장을 축소하는 틀이 될 수도 있고 미래 시장의 기회가 되기 때문이다.

마케팅 관점에서 인구학적 사고를 하지 않은 이유는 우선 지역, 성, 연령으로 분류해서 자료를 읽는 한정적인 방식에 치중한 이유가 있다. 인구·가구 변화의 폭과 방향이 크지 않아서 특별히 고려할 필요성이 적었던 때문이기도 하다.

2000년 대 초반부터 시작된 한국의 인구변동은 새로운 국면을 맞이하고 있다. 출생아 수는 2016년 40만 6,000명에서 내년에는 30만 명 내외로 예상되어 4년 만에 1/4이 줄어들 것으로 보인다.

10년 후 20대 인구는 지금보다 200만 명 이상 크게 줄어들 것으로 전망된다.

반면 1인 가구의 수는 2009년 396만 가구에서 10년 만에 50% 증가하여 591만가구까지 늘어났다. 가구 구성에서 2005년 4번째 순위였던 1인 가구는 10년이 지난 2015년 이후에는 가장 많은 비중을 차지한다. 현재 서울시의 4인 가구는 전체 가구의 15% 수준이다.

현재 진행되는 인구 변화의 폭과 방향은 단순하지 않고 변화의 속도도 빠르게 진행된다는 특성이 있다. 인구·가구 변동은 2000년 대 초반부터 시작된 낮은 출산률(2015년 1.076명 → 2019년 1분기 0.95명), 늘어나는 만혼(여성 초혼 연령 기준, 2001년 26.78세 → 2017년 30.24세)과 비혼(남성 생애 비혼율 기준, 2000년 1.8% → 2015년 10.9%) 등의 요인으로 발생한 것이다.

마케팅 이슈가 소비의 주체인 인구·가구와 연결되고 마케팅전략이 인구학적인 관점에서 전개되어야 하는 것은 이와 같은 이유 때문이다. 통계청 마이크로 데이터(MDIS)와 소비자 조사의 결합은 인구학적 관점에서 마케팅 이슈를 해결하는 방법이다.

그림 4-1 1인가구 현황과 분포

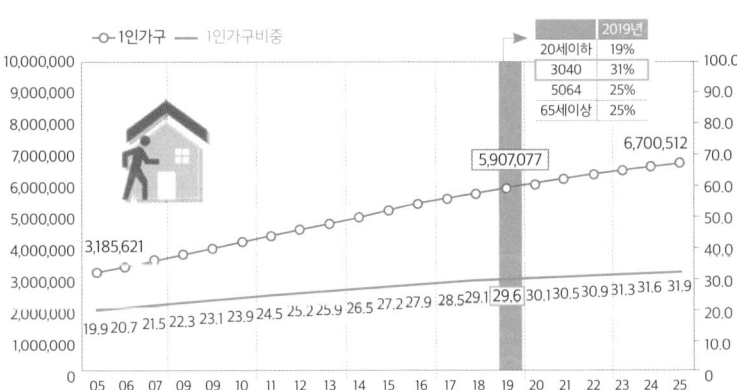

MDIS를 활용한 상품 기획과 타겟 마케팅의 정교화

1인 가구 구성원은 동질적인 소비자가 아니다. 1인 가구 중에는 원가구에서 독립하여 거주하는 대학생, 결혼을 하지 않은 직장인, 결혼 후 이혼한 성인 남녀, 혼자 사는 노인 등 다양한 세그먼트가 포함되어 있다. 같은 1인 가구라도 직업과 소득에 따라 라이프스타일, 상품·서비스에 대한 욕구, 쇼핑행동 등에서 서로 다른 특징을 보이는 이질적인 집단이다.

1인 가구 마케팅에 대한 기업과 언론의 관심은 10여 년 전 급증하였다가 잠시 휴지기를 거쳐 2~3년 전부터 다시 본격적으로 전개되고 있다. 소비자 대상의 마케팅 현장에서 1인 가구의 비중이 증가하고 상대적 중요성이 높아진다는 것을 체감하고 있기 때문이다.

1인 가구의 특성을 정밀하게 분석하려면 통계청의 마이크로 데이터(MDIS, MicroData Integrated Service)와 소비자 조사를 결합하여 활용하는 것이 효과적이다. MDIS는 통계청과 공공기관이 작성한 153종의 통계자료를 마이크로 데이터의 형태로 가공하여 통계 사용자가 조건에 맞는 자료를 산출할 수 있도록 구성한 온라인 시스템이다(https://mdis.kostat.go.kr/index.do).

MDIS 데이터는 공공 부문뿐 아니라 기업의 마케팅 활동에 활용 가능하다. 타겟 소비자를 이해하고 정교화하여 타겟 소비자를 대상으로 마케팅 전략을 수립하는 신규 상품기획 과정이나 기존 상품 마케팅 활동의 점검에 활용이 가능하다.

MDIS 데이터는 1인 가구, 시니어 가구, 아동 가구 등 특정한 생애주기의 소비자를 대상으로 한 연구와 Z세대, 밀레니얼 세대, X세대, 베이비부머 세대 등 개별 세대의 소비자를 대상으로 한 조사의 시작점으로도 유용하다.

MDIS를 활용한 1인 가구 상품기획 및 수요추정 방법

MDIS 데이터를 활용하여 1인 가구를 타겟으로 한 내구재 상품을 기획하고 수요를 추정하는 과정은 타겟 추출 단계, 상품 컨셉 기획 단계, 상품 수요 추정 단계 등 3단계로 구성된다.

타겟 추출 단계는 상품기획을 위한 세부 타겟의 범위를 정하고 MDIS 시스템의 인구주택총조사 데이터를 활용하여 1차, 2차 혹은 잠재타겟을 추출하는 과정이다.

타겟 특성 구체화 및 상품 컨셉 기획 단계는 MDIS에서 제공되는 인구주택총조사, 가계동향조사, 생활시간조사, 사회조사 등을 이용해 직업, 소득과 지출, 생활시간, 주택 유형, 거처점유형태 등을 분석하고 1인 가구의 소비 트렌드 변화, 가치관 등의 데이터를 추가한다.

MDIS를 통해 추출한 타겟의 특성에 맞는 1인 가구원을 대상으로 Creative Workshop이나 FGD, 에스노그라피를 진행하여 1인 가구 소비자의 니즈에 기반한 아이디어를 도출하고 상품개발 기초 자료로 활용된다.

상품 수요 추정 단계는 고객사측의 상품개발 컨셉 또는 시제품에 대한 소비자 수용도를 측정하고 실제시장에서의 초기 수요를 예측하는 단계이다. 초기 개발된 컨셉이나 시제품 형태의 상품·서비스에 대한 초기 구입의향, 이용 의향을 1차, 2차, 잠재타겟을 모집단으로 한 예상수요를 추정한다.

상품 컨셉 기획 단계와 상품 수요추정 단계는 조사목적에 따라 독립적으로 진행할 수 있는 단계이다. 중간에 고객사의 상품개발 실행을 위한 휴지기를 거쳐 연속적으로 실행할 수도 있다.

그림 4-2 MDIS를 활용한 내구재 타겟 상품 기획 및 수요추정

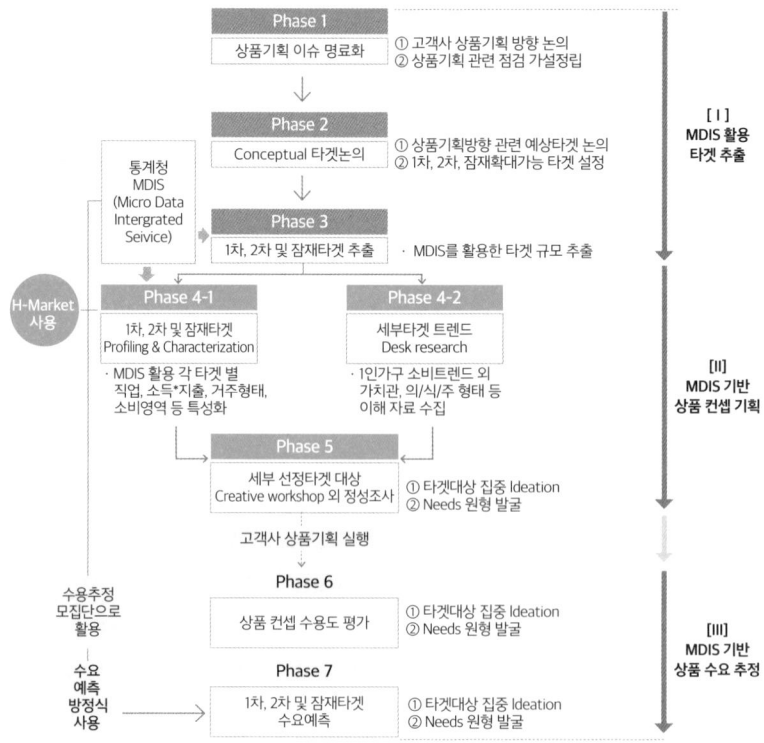

1단계: 타겟 추출 단계

타겟 추출 단계에서는 고객과 논의한 세부 개념화된 타겟에 따라 MDIS 인구주택총조사 패널데이터에서 1인가구 마이크로 데이터를 추출한다. 데이터는 CSV(엑셀), TXT(구분자_세미콜론, 탭 등) 파일로 다운로드할 수 있다.

그림 4-3 1인가구 현황 및 MDIS 인구주택총조사 1인가구 마이크로데이터 추출화면

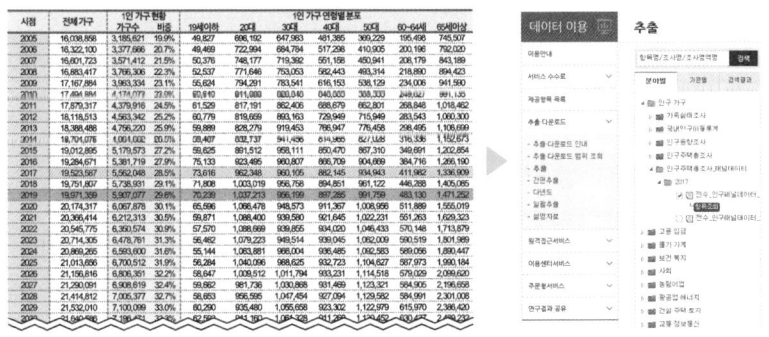

다음 단계에서는 데이터를 조사목적에 최적화될 수 있는 형태로 재가공하고 한국리서치의 H-Structure 툴을 이용하여 1차, 2차, 잠재 타겟을 분류한다. 타겟 분류는 여러 변수를 이용한 반복작업으로 최적화한다.

그림 4-4 MDIS 추출 마이크로 데이터를 활용한 1차, 2차, 확대 잠재 타겟 추출

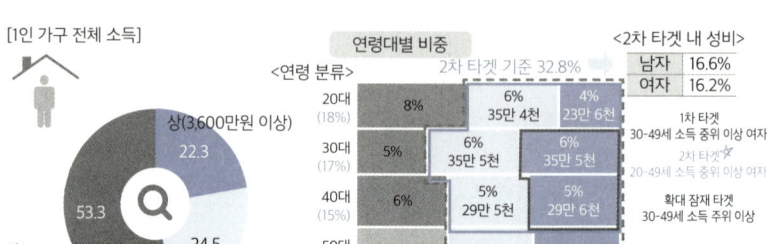

2-1 단계: 상품 타겟 특성 구체화 단계

상품 타겟 특성 구체화 단계에서는 MDIS에서 제공되는 인구주택총조사, 가계동향조사, 생활시간조사를 활용하여 1차, 2차, 잠재타겟의 특성을 구체화한다. 1인 가구 내구재 조사에서는 [직업여부] → [소득과 지출] → [거처행태] → [주택유형과 평형] → [주중·주말 생활시간] 등의 순으로 스토리라인을 구성한다. 전체 가구 또는 전체 1인 가구 값을 별도로 산출하여 타겟 소비자의 특성과 비교하면 더 효과적이다.

예를 들면 2차 타겟 소비자(만20~49세 소득 중위 이상 여성)의 거주 형태는 자가(16%), 전세(42%), 반전세(42%)이고 2차 타겟 소비자의 전세 거주 비중은 1인가구 전체의 전세(15%) 거주 비율 보다 크게 높다는 것을 알 수 있다.

거주주택은 '10평 미만' 32%, '10평대' 52%, '20평대 이상' 16%

이지만 상대적으로 소득이 높은 2차 타겟 소비자도 1인 거주자는 10평대 또는 그 이하 평형에 84%가 거주하며 공간구성은 원룸타입은 41%, 방1개 이상의 구조는 59%라는 점을 고려해야 한다.

MDIS 데이터를 활용하면 기업의 마케팅 타겟의 특성을 객관적이고 풍부하게 특성화 할 수 있다. 별도의 소비자 조사를 통해 타겟 소비자 의·식·주 관심사, 미디어 이용경험 등 상품기획과 향후 마케팅 커뮤니케이션 전략 수립에 유용한 추가 자료를 확보할 수 있다.

그림 4-5 MDIS와 추가 소비자조사를 활용한 1차, 2차, 잠재타겟 특성화 과정

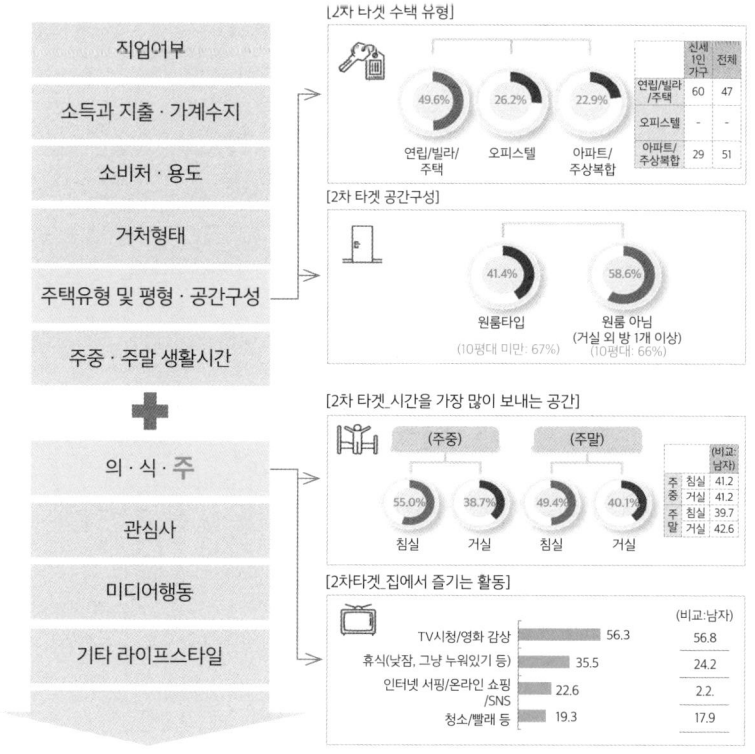

2차 타겟 소비자는 주중에는 10.2시간, 주말에는 14.6시간을 집 안에서 보내고 그 중 절반(주중 55%, 주말 49%)을 TV·영화시청 또는 모바일(쇼핑/SNS)을 이용한다.

이 데이터에 기반하여 미디어 시청뿐 아니라 모바일 기기 이용시 편한 자세를 유지할 수 있는 1인용 리클라인 침대나 의자를 기획할 수 있다. 편하게 미디어·모바일을 즐길 수 있도록 침실공간과 자세에 최적화된 멀티미디어 기기를 개발할 수도 있다.

1인 가구가 집에서 머무르는 동안 침실영역, 거실영역, 주방영역에서의 생활시간과 행동을 확인하면 상품개발의 기초 근거가 될 수 있고 타겟 집단의 특성을 구체화할 수도 있다.

다음은 '솔로 이코노미'의 특징인 '작고, 편하고, 효율적이고, 안전하며, 외로움을 덜 수 있는' 상품이나 서비스 사례이다.

- **[식품]** 이마트 '나혼자수박', SPC삼립 '3개입식빵', 풀무원 '한끼두부', 신세계 '피코크 1인반찬'
- **[외식/배달]** 카카오 선물하기 '느린마을 혼술세트', 싸움의 고수 '1인보쌈', 노랑통닭 '혼술족 세트'
- **[금융]** KB금융그룹 'KB 1코노미 청춘패키지', 삼성카드 씨유·배달의민족 '탭탭'
- **[택배]** 도어맨로지스 '도어맨택배', 이베이코리아 '스마일박스'
- **[반려동물]** 스타필드 '반려견 동반 쇼핑', W호텔 '애견동반룸, 애견어매니티'

2-2 단계: 니즈원형 도출 및 상품 컨셉 기획 단계

이후에는 Creative Workshop, 전문가 심층 인터뷰, 집단심층토론(FGD) 등을 통해 상품기획에 필요한 소비자 니즈의 원형을 도출한다.

Creative workshop 대상자는 MDIS 추출 타겟과 동일한 조건에 해당되는 1인 가구 소비자를 선정하여 사전 과제를 부여한다. 상품 개발을 위해 기존 품목 사용 시 경험하는 불편한 점(pain point)을 점검하고 소비자가 기대하는 기능과 편익을 조사한다.

Creative workshop은 소비자 타겟별로 4~5명의 소비자로 구성된 2~3개의 조로 나누어 진행하고 전문 일러스트레이터가 토론 결과를 현장에서 시각적으로 구현한다.

조별 토론이 마무리되면 시각적으로 정리한 토론결과를 조장이 발표하고 참석자와 고객사가 토론 결과물에 대한 질의 응답으로 내용을 보강한다.

아이디어 결과물이 많을 경우 우선 상품화할 수 있는 아이디어를 투표방식으로 선정하는 것도 효과적이다.

상품개발에 필요한 니즈의 원형을 도출하는 단계에서는 추가로 '1인 가구 의, 식, 주 영역별 전문가'나 '상품 디자이너(가구, 가전 등 기획 품목에 따라)'를 대상으로 심층면접을 진행한다.

최종 일러스트 및 보고회 직전에 상품 디자이너에 대한 심층 인터뷰로 실제 상품화 단계에서의 문제점이나 조정이 필요한 사항 등을 추가할 수 있다.

그림 4-6 1인가구 1차, 2차 타겟 대상 Creative workshop 진행

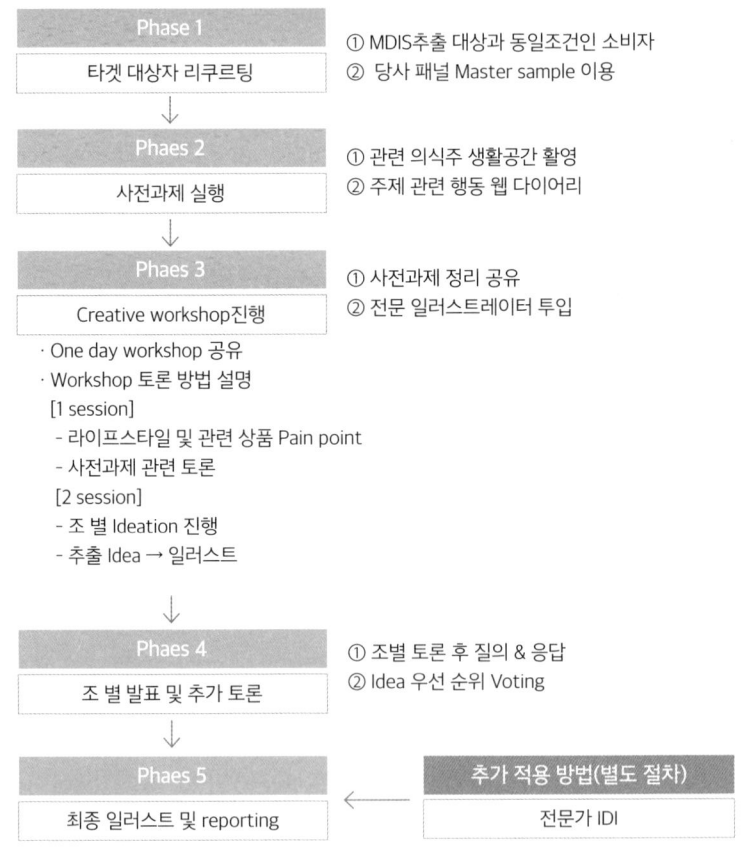

3 단계: 상품 수요 추정 단계

MDIS기반 상품수요 추정단계는 상품 컨셉이 이미 준비되어 있는 경우 중간 단계를 생략하고 바로 적용할 수도 있다. 고객사의 상품 컨셉 또는 시제품(mock-up)이 준비되면 수요 추정방식을 정한

다. 컨셉 형태보다 실제에 가까운 시제품이 준비되면 수요추정의 정확도를 높일 수 있다.

그림 4-7 MDIS기반 컨셉, 시제품 수요 추정 방식

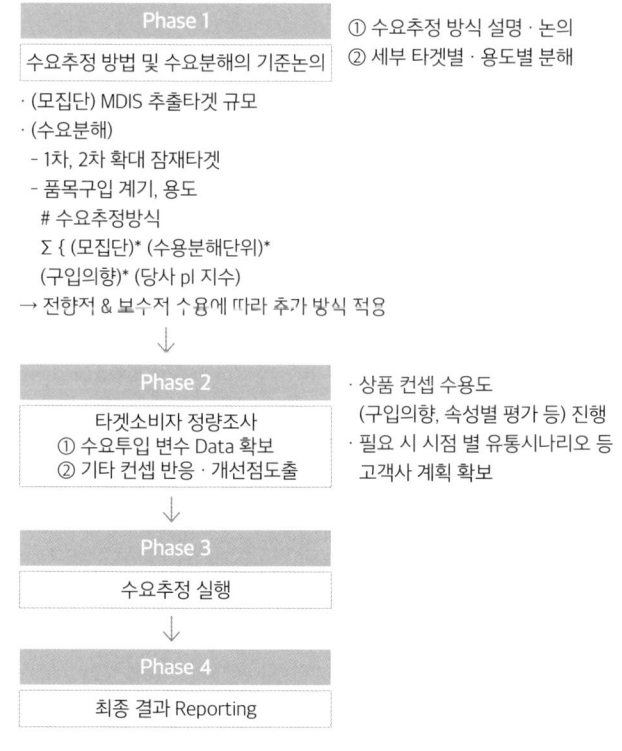

모집단은 1단계에서 추출한 1차, 2차, 확대 잠재 타겟을 사용한다. 수요추정방식은 우선 1차, 2차, 확대 잠재 타겟별로 해당 품목의 '구입 계기' 또는 '주 사용 용도' 등으로 수요를 나누어 접근하면 정확도도 높고 마케팅 전략의 활용성도 커진다.

수요추정 방정식에는 타겟 소비자를 대상으로 한 정량조사의 결과값이 중요하다. 해당 컨셉(또는 시제품)에 대한 구입의향이 가장 중요한 변수이고 컨셉에 대한 세부 속성 별 평가와 개선 방향은 추가 자료로 활용한다.

MDIS와 소비자 조사 결합 방법의 장점

MDIS를 소비자 조사와 결합하여 마케팅에 활용하면 다음과 같은 장점이 있다.

- 타겟에 대한 객관적인 기준점 확보
  목표 타겟의 인구·가구 전수 데이터와 가계동향, 생활시간 등의 조사 데이터를 활용하면 타겟 소비자를 이해하는 객관적인 정보를 얻을 수 있다.

- 타겟 재분류와 정교화의 기본틀 역할
  마이크로 데이터를 활용하면 마케팅 타겟을 정교화하고 1차, 2차, 확대 잠재 타겟을 분류하는 기본틀로 활용할 수 있다. 타겟 소비자간 이질성이 큰 경우 유용한 분류틀이다.

- 타겟 특성을 구체화
  마이크로 데이터를 활용하여 타겟 소비자의 지출, 거주 형태, 라이프스타일 등을 객관적으로 확인할 수 있다. 동일한 인구통계적 특성이나 사회경제적 특성을 가진 소비자를 대상으로 조사를 실행할 수 있다.

- 타겟시장의 규모와 수요예측 모집단 역할

 마이크로 데이터를 활용하면 기업 마케팅 활동을 위한 타겟 시장의 규모를 인구 및 가구 기준으로 확인할 수 있다. 신상품의 미래 시장 수요를 예측하는 모집단으로도 사용할 수 있다.

- 기업 마케팅 비용의 경제적 집행을 도움

 MDIS는 적격 대상자 선정 과정을 간소화하고 조사를 심도있게 진행하여 마케팅 기획을 위한 소비자 조사를 효율적이고 경제적으로 실행할 수 있다.

PART 2
소비자의 심리적 리스크를 고려한다

신제품에 대한 심리적 비용을 어떻게 극복할 수 있나: 신제품 컨셉 테스트를 개선하는 방법

5
research note

김경용 한국리서치 마케팅조사 1본부

　기업은 신상품의 성공을 위해 매년 수십억 달러를 투자하지만 신상품의 성공비율은 매우 낮다. 미국 FMCG 시장에서 매년 3만여 상품이 새로 출시되지만 이 중 70~90%는 12개월도 버티지 못한다. 새로운 제품 카테고리를 만들어내거나 기존 제품을 완전히 바꾼 혁신 제품도 실패하는 경우가 많다. 한 연구에 따르면 혁신 제품의 47%가 실패한다.

표 5-1 혁신적인 상품의 실패사례

Webvan	온라인 식료품 배달 사업에 10억불을 투자하였으나 2001년 파산
Segway	2001년 개발된 1인용 이동기구. Steve Jobs, Jeff Bezos 등의 지원에도 사업 시작 18개월 동안 6천대만 판매
TiVo	1990년에 좋은 평가를 받고 사업을 시작했으나 2005년까지 6억불 손실

기업은 신제품 컨셉에 대한 소비자 조사를 통해 해당 신제품의 시장 출시 여부를 결정한다.

컨셉 테스트에서는 제품이 독특한지 컨셉에 대한 구매의도가 높은지를 측정하여 독특성도 높고 구매의도도 높은 컨셉의 신제품이 시장에서 성공할 가능성이 높다고 평가한다.

독특성도 높고 구매의향이 높은 제품들은 시장에서 모두 성공하는가? 반드시 그런 것만은 아닐 수도 있다.

컨셉 평가가 높은 신제품이 시장에서 실패하는 경우도 있다. 컨셉은 좋았지만 제품의 품질이 미흡하거나 광고가 충분하지 않았거나 판촉활동이 부족하였거나 제품의 유통과 진열에 문제가 있거나 브랜드 자체가 약하였다는 이유가 있다.

이러한 이유의 공통점은 컨셉은 좋았는데 제품이나 마케팅에 문제가 있다는 것이다. 신상품이 실패하면 많은 사람들은 신제품 아이디어가 좋지 않았기 때문이라고 설명한다.

여기서 근본적인 질문을 던질 필요가 있다. 실제로 제품을 출시하기 전에 왜 성공하지 못할 것을 예상치 못했을까? 신상품 컨셉은 충분히 탁월했나? 독특성도 높고 구매의향이 높은 신상품 컨셉에 어떤 문제가 있을 수 있나?

빈번한 신상품의 실패, 그 원인은?

시장에 출시된 새로운 상품을 구매하는 소비자는 일종의 '경제적 비용(economical cost)'을 추가로 지불한다. 심리적 비용은 사용하던 제품을 다른 제품으로 바꾸어야 하는 전환 비용(transaction cost), 새로운 사용법을 배워야 하는 학습 비용(learning cost), 이전에 사용하던 제품이 쓸모가 없어지는 쇠퇴비용(obsolescence cost)등이 포함된다.

소비자가 지불하는 경제적 비용 외에 행동 변화와 연계된 '심리적 비용(psychological cost)'도 있다 소비자들은 현재 자신이 소유하는 제품의 가치를 소유하지 않은 제품의 가치보다 비이성적으로 높게 평가한다. 반면 기업은 새로 개발한 제품의 가치를 기존 제품보다 더 높게 평가하는 경향이 있다. 이러한 심리적 가치 평가의 차이가 신제품이 시장에서 성공하지 못하는 요인일 수 있다.

이득과 손실의 심리(The psychology of gains and losses)

혁신적인 신제품에 대하여 소비자와 기업이 인식하는 가치가 서로 다른 것은 손실 회피(loss aversion), 보유효과(endowment effect), 현상유지 편향성(status guo bias)등 세 가지 요인 때문이다.

손실 회피(loss aversion)

손실 회피는 노벨상 수상자인 Daniel Kahneman과 Amos Tversky의 주요 연구 주제이다. 사람들이 신상품을 평가할 때 객관적 가치보다는 기존 제품에 기반한 주관적 가치를 평가한다. 주관적 가치는 현재 가치를 기준점(reference point)으로 인식하여 기준점 대비 개선된 부분을 이득으로 감소하거나 상실된 부분을 손실로 평가한다.

특히 손실은 이득에 비해서 가치 평가에 미치는 영향이 더 크다. 예를 들어 사람들은 100달러를 얻을 수도 있고 잃을 수도 있는 확률이 50%라면 내기에 참여하기를 꺼린다. 그 이유는 100달러를 50%의 확률로 얻을 수 있는 가능성보다 100달러를 50%로 잃을 수 있는 가능성을 더 크게 인식하기 때문이다.

보유 효과(endowment effect)

사람들은 자신이 가진 제품의 가치를 현재 소유하지 않은 제품보다 높게 평가하는 경향이 있다. 예를 들어 머그잔, 복권, 와인 등 여러 제품을 이용한 실험에서 소비자들은 자신이 소유한 제품의 가치를 소유하지 않은 제품보다 약 2배에서 4배 정도 높게 평가한다.

현상 유지 편향성(status quo bias)

현상 유지 편향은 현재 상황을 계속 유지하려는 인지적 성향이다. 실험에서 통제집단에게 머그잔과 초콜렛 바를 선택하게 하면 머그잔과 초콜렛 바의 선호도는 비슷하다. 첫 번째 실험집단에게 머그잔을 먼저 주고 나중에 초콜렛 바와 교환할 기회를 주면 11%만이 교환을 원한다. 두 번째 실험 집단에게 초콜렛 바를 먼저 주고 나중에 머그잔과 교환할 기회를 주어도 10%만이 교환을 원한다.

이득과 손실에 대한 소비자의 판단 기준은 현재 소유하거나 사용하는 제품에 있다. 소비자들은 기존 제품의 가치를 3배 이상 높게 평가한다. 게다가 손실은 이득보다 더 크게 인식되므로 신제품이 제공하는 이득은 손실보다는 훨씬 커야만 한다.

반면 기업의 신제품 개발자들은 자사에서 개발한 혁신 제품이 판단의 기준이며 혁신 제품의 가치를 3배 이상 높게 평가한다. 결과적으로 동일한 신상품 평가에서 소비자와 신제품 개발자 사이에 9배 이상 가치 평가의 차이를 보인다.

혁신적인 신제품이 심리적 비용을 극복하는 방안

그러면 소비자와 개발자의 신제품 가치 인식의 차이를 극복하고 시장에서 신제품이 성공하기 위해서 어떻게 해야 하는가?

Step 1: 신제품이 소비자에게 어떠한 행동 변화를 요구하는가를 파악한다

우선 신제품에 대한 정확한 평가를 내릴 필요가 있다. 제품이 혁신된 정도가 클수록 시장에서의 성공 기회가 증가하지만 신제품이 소비자의 행동변화를 더 많이 요구할 수록 심리적 비용도 커진다. 이 두 가지 관계를 교차하면 다음 Matrix와 같다.

그림 5-1 신제품의 혁신성 x 행동 변화 요구의 강도 Matrix

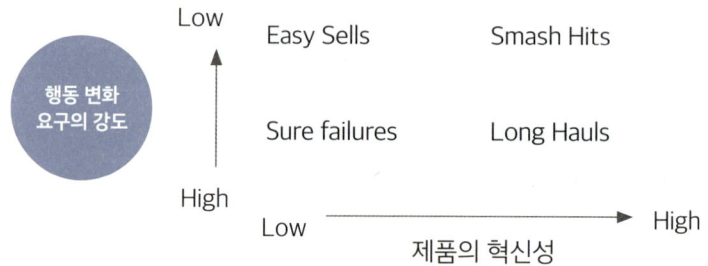

- **Easy sells:**
  제품의 혁신 정도가 제한적이며 행동 변화 요구의 강도가 제한적.
  소비자가 쉽게 수용하지만, 이득점 역시 제한적인 경우.

- **Sure failure:**
  소비자의 행동 변화를 요구하지만 이득점은 적은 경우.
  실패 가능성 높음.
  (Dvorak 키보드는 속도가 빠르지만 새로 연습해야 함)

- **Long Hauls:**
  혁신적인 제품으로 소비자 행동 변화도 요구하는 경우.
  제품 수용에 시간이 걸림.
  (Linux OS 도 확산에 시간이 오래 걸림)

- **Smash hits:**

  혁신적이고 소비자 행동 변화 정도는 크지 않은 제품.

  성공 가능성 높음.

  (Google 검색은 새 알고리즘이지만 사용자 행동변화는 적음)

Step 2: 소비자의 부정적 반응에 대한 대처

많은 혁신 제품들은 소비자의 행동 변화를 요구한다. 혁신에 따른 소비자의 부정적 반응을 해결하기 위한 방법은 다음과 같다.

- **Be patient:**

  가장 간단한 방법은 소비자의 수용 과정을 이해하는 것이다. 소비자가 신제품에 빠르게 적응할 것으로 예상하면 회사의 재정이 빨리 고갈될 위험이 있다.

  DVD와 TiVo는 거의 동시에 시장에 진출했으나 2005년까지 DVD는 8천만대가 팔리고 성능이 더 우수한 TiVo는 4백만 대만 판매되었다. DVD는 기존의 VCR과 유사하나 TiVo는 소비자들에게 새로운 이용방식을 요구하였기 때문이다.

- **Strive for 10x improvement:**

  두 번째 방법은 소비자의 잠재적 손실을 보상할 만큼 큰 혁신을 하는 것이다. Andy Grove는 산업 자체를 변화시키려면 기존 제품의 이득보다 10배 이상 우월하여야 한다고 말한다.

- **Eliminate the old:**

  세 번째 방법은 기존 제품을 제거하는 것이다.

  미국 조폐국은 1달러 지폐대신 코인을 발행했으나 기존의 1달러 지폐도 여전히 유통되고 있다. 반면 캐나다의 1달러, 2달러 코인은 널리 사용된다. 그 이유는 종이 지폐를 회수했기 때문이다.

Step 3: 소비자 부담감을 최소화 하기

혁신제품이 수용되기까지 오래 기다려야 하는 Long-haul 제품은 매력적이지도 않고 기존의 제품대비 10배 이상의 개선을 제공하기도 힘들고 기존 제품을 제거하는 것도 불가능하다. 이 경우에는 소비자의 부담감을 최소화하는 방안을 고려한다.

- **Make behaviorally compatible products:**
  소비자의 행동 변화 정도를 줄이거나 제거하면 Smash Hit 제품을 만들 수 있다.
  Toyota Prius는 가솔린 엔진과 전기 엔진을 동시에 제공하였다. 운전 방식은 가솔린 차와 동일하면서도 전기자동차의 편익을 제공하고 그 결과 2005년 한 해에만 10만대를 판매하는 성과를 올렸다.

- **Seek out the unendowed:**
  기존 제품을 사용하지 않는 소비자를 공략하는 것이다.
  Burton Snowboards는 스키를 타지 않는 소비자를 공략했다. 스키를 배우지 않은 사람들을 대상으로 판매하는 전략을 선택하여 70년대에는 스노우보드를 타는 사람이 전혀 없었지만 지금은 스노우보드를 타는 사람이 더 많다.

- **Find Believers:**

  기존 제품의 가치를 낮게 평가하고 혁신제품을 높게 평가하는 층을 공략한다. 수소연료차량은 환경보호에 관심이 많은 소비자를 공략할 수 있다. 단거리 이동이 많은 섬 주민은 수소 연료 충전소가 적어도 크게 영향을 받지 않는다. 아이슬랜드에 상업적 수소연료 충전소와 수소연료버스가 일찍 보급된 배경이다.

맺음말

소비자의 심리적 비용을 고려하면 독특성과 구매의향만을 기준으로 신상품에 대한 평가를 하는 것은 불충분하다. 독특성은 신상품의 혁신성을 의미하지만 소비자는 혁신성이 높다고 반드시 그 제품을 구매하는 것이 아니기 때문이다.

따라서 신상품이 소비자에게 얼마나 큰 행동 변화를 요구하는지를 파악할 필요가 있고 기존의 신제품 컨셉 테스트 방법이 개선되어야 한다.

첫째, 독특성과 사용행동 변화요구 정도를 동시에 고려하여 소비자들이 신상품 컨셉을 Smash hits, Easy sells, Long hauls, Sure failure 중 어떤 유형의 제품으로 판단하고 있는지를 파악해야 한다.

신제품이 소비자에게 요구하는 행동 변화 정도는 서로 다르다. 소비자 인식의 차이가 신제품의 수용에 영향을 주기 때문에 구매

의향자가 실제 구매로 연결되는 확률을 좀 더 현실적으로 파악해야 한다.

둘째, 구매 의향자들이 신상품을 어떻게 생각하고 있는지에 따라 적합한 마케팅 전략을 수립한다.

Smash hit는 시장가능성이 높은 제품이라고 판단할 수 있다. Long hauls로 인식하는 비율이 높은 경우 기존제품과 호환 가능한 제품을 출시하거나 기존 제품을 사용하지 않는 소비자를 공략하거나 제품에 대한 관심을 갖는 1차 타겟 시장을 공략한다. Easy sells로 느끼는 사람이 많으면 신제품의 특장점을 알리기 위한 광고전략, 품질 개선 노력, 기존 제품의 제거 가능성 등을 고려한다.

소비자 선택에 영향을 주는 심리적 리스크의 측정과 관리

6 research note

김경용 한국리서치 마케팅조사 1본부

소비자는 구매 선택 과정에서 다양한 요소를 고려한다. 가장 중요한 것은 소비자 니즈(unmet needs)의 강도와 구매력(purchase power)이다. 그러나 소비자 니즈와 구매력 이외에도 소비자가 인식하는 심리적 리스크(perceived risks)도 중요한 요인이다.

소비자가 인식하는 심리적 리스크는 제품을 구입할 때 제품의 성능과 품질의 불확실성에 대하여 느끼는 우려감이다. 심리적 리스크는 다섯 가지 유형으로 구분한다.

- 기능적 리스크(functional risk): 제품이 견고한지, 고장이 안 나는지, 혹은 고장이 나더라도 수리가 쉬운지 등 제품의 기능적 속성에 대한 인식
- 경제적 리스크(economical risk): 제품 구매 가격이 필요 이상으로 높은 것인지에 대한 소비자의 인식
- 물리적 리스크(physical risk): 제품 사용으로 소비자의 안전에 위험한 요소를 유발하는지에 대한 인식

- 기회 리스크(opportunity risk): 구매하고자 하는 제품보다 더 우수한 제품이 있을지도 모른다는 인식
- 자아정체성 리스크(ego risk): 구매하고자 하는 제품이 소비자에게 제대로 맞지 않는 제품인지에 대한 염려
- 사회적 리스크(social risk): 소비자가 구매한 제품에 대한 다른 사람의 평가가 부정적일 수도 있다는 인식

소비자의 심리적 리스크는 제품에 따라 다르다. 자동차는 경제적, 기능적, 사회적 리스크가 모두 높다. 모바일 폰에 설치하는 앱은 개인정보 유출과 같은 물리적 리스크를 동반한다. 패션 의류 제품은 자아정체성과 사회적 리스크가 큰 편이다.

그림 6-1 소비자가 인식하는 심리적 리스크의 유형

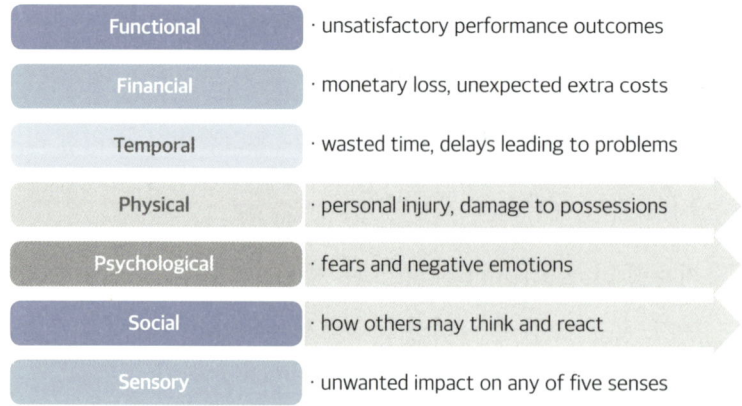

소비자가 인식하는 심리적 리스크가 크면 소비자는 제품을 구입하기 전 더 많은 정보를 수집하고 제품에 대한 평가를 신중하게 한

다. 반면 심리적 리스크가 작은 제품은 사전 정보 탐색도 적고 제품에 대한 관여도도 낮다.

제품에 대한 소비자의 심리적 리스크와 관여도의 차이는 마케팅 커뮤니케이션 전략 방향을 선택하는데 매우 중요하다. 소비자의 관여도가 낮은 제품의 광고 전략은 핵심적이고 기억에 남는 메시지 전달에 주력한다. 관여도가 높은 제품은 심리적 리스크를 줄일 수 있는 정보를 제공하는 것이 효과적이다.

소비자가 인식하는 심리적 리스크는 브랜드의 영향을 받는다. 소비자가 유명 브랜드의 제품을 선택하는 이유 중의 하나는 심리적 리스크가 적다고 인식하기 때문이다. 반대로 브랜드 파워가 약한 제품은 선택의 불확실성 때문에 소비자가 구매를 주저할 수도 있다.

심리적 리스크가 소비자 구매과정에 영향을 주는 효과 측정: A/V 제품

A/V 제품 구매자를 대상으로 세그멘테이션 조사를 하면 소비자의 심리적 리스크에 따른 구매 행동의 차이를 비교할 수 있다. A/V 제품 구매자는 경제적·기능적 리스크는 공통적으로 높게 인식하지만 자아 정체성 리스크와 사회적 리스크에 대한 인식은 세그멘트 별로 차이가 있다.

심리적 리스크를 높게 인식하는 소비자(평균 4.26)는 심리적 리스크가 낮은 소비자(평균 3.97)에 비해 구매 과정에서 제품에 대한 정보를 더 많이 탐색한다. 심리적 리스크가 높은 소비자(평균 4.71)는 심리적 리스크가 낮은 소비자(평균 4.34)보다 구매 과정에서 더 많은 요소를 고려한다.

그림 6-2 심리적 리스크에 따른 A/V 구매자 세크멘테이션

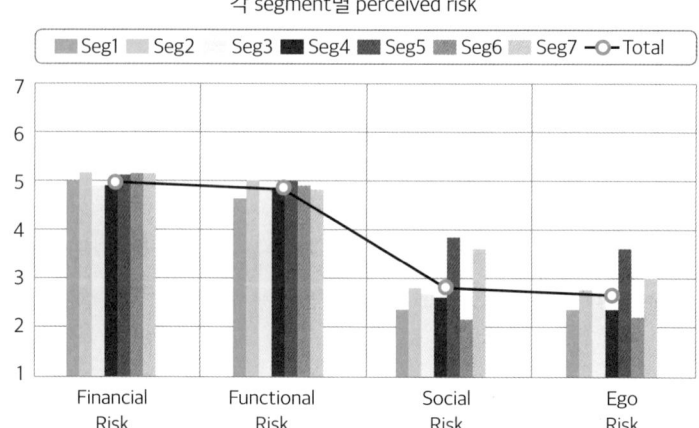

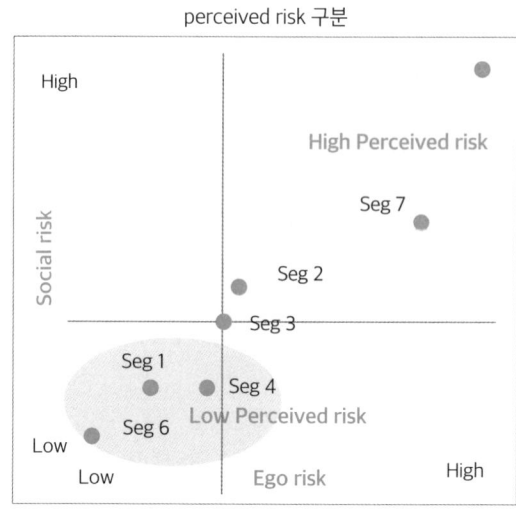

심리적 리스크가 높은 소비자는 61%가 구매 결정에서 브랜드를 중요하게 고려하는 반면 심리적 리스크가 낮은 소비자 중 브랜드를 중요하게 고려하는 비율은 53%이다.

심리적 리스크가 다른 소비자는 구매 과정에서 제품 정보를 탐색하는 정보 소스와 정보내용도 다르다. 심리적 리스크가 낮은 소비자는 판매원이나 광고 매체 등 대중적인 정보원에 의존하는 경향이 높다. 심리적 리스크가 높은 소비자는 A/V 전문잡지, 온라인, 제품 브로슈어 등 정보량이 많고 전문적인 정보원을 더 많이 활용한다.

그림 6-3 심리적 리스크에 따른 A/V 구매자 세크멘트 별 제품 정부 탐색 유형

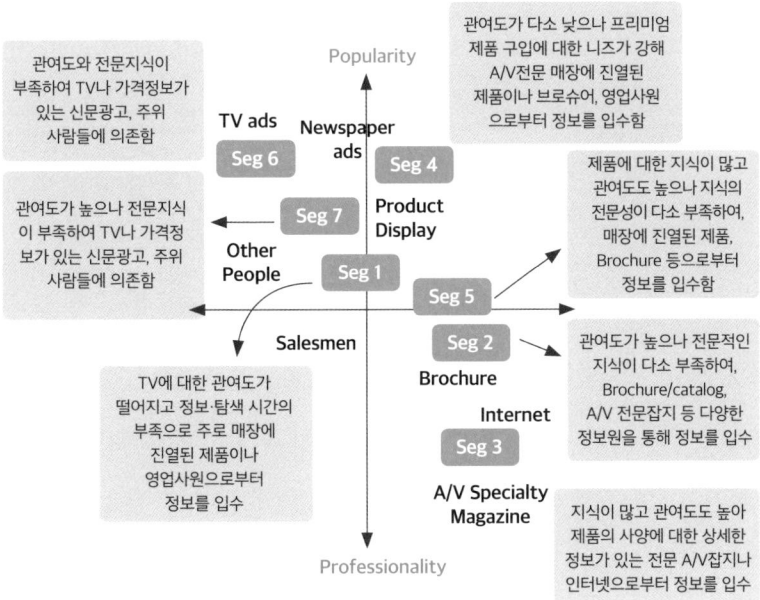

맺음말

소비자 선택에는 소비자의 니즈, 구매력, 브랜드, 광고 커뮤니케이션 등의 여러 요인이 복합적으로 작용한다. 그 중에서도 특히 소비자가 인식하는 심리적 리스크는 정보 탐색, 브랜드 선택, 정보원의 유형 등 구매 과정에 영향을 주며 최종적으로 구매 결정에도 중요한 요인으로 작용한다.

따라서 마케터는 자사 제품에 대한 소비자의 심리적 리스크 요인을 정밀하게 측정하고 모니터링하여 여러 가지 유형의 심리적 리스크를 줄일 수 있는 마케팅 전략을 수립하고 실행해야 한다.

PART 3
소비자의
마음을 읽는다

브랜드 이미지 포트폴리오를 위한 '언어 이미지 스케일'

7 research note

김혜원 한국리서치 마케팅조사 사업1본부

브랜드 관리에서 브랜드 이미지가 왜 중요한가

브랜드 마케터의 가장 중요한 임무는 소비자들이 브랜드를 인지하게 하고 브랜드 아이덴티티를 효과적으로 전달하여 브랜드에 대한 좋은 이미지를 형성함으로써 브랜드 가치를 증대시키는 일이다. 브랜드 인지도는 온라인과 오프라인에서 광고와 홍보 활동을 확대하는 캠페인으로 높일 수 있지만 브랜드 아이덴티티와 브랜드 이미지 관리는 상대적으로 어려운 과제이다.

브랜드 이미지는 브랜드 로고의 형상이나 색조와 같은 시각적 이미지로 표현되지만 넓은 의미에서 하나의 브랜드와 연관되어 소비자가 의식적으로 혹은 무의식적으로 생각하고 느끼는 모든 인지적·감성적 이미지를 포괄한다. 브랜드 이미지는 소비자들이 구매하고자 하는 제품을 고려하는 과정에서 정보 처리와 검색 과정에 영향을 준다. 브랜드에 대한 신뢰 혹은 호감을 형성하는 이미지는 소비자의 구매 결정에 결정적인 영향을 주는 요소이다.

브랜드 이미지는 어떻게 조사할 수 있나

소비자가 특정 브랜드에 대하여 인지적으로 생각하고 감성적으로 느끼는 브랜드 이미지를 조사하는 것은 직접 질문하는 방법도 생각할 수 있지만 이 방법은 한계가 있다. 브랜드 이미지를 직접 질문하면 소비자의 인식과 감성적 이미지의 현상적 측면을 파악하는데 도움이 되지만 소비자 마음 속에 잠재되어 있는 무의식적이고 심층적인 이미지를 포착하지 못한다.

<투사적 기법>과 <연상적 기법>을 활용한 브랜드 이미지 조사방법

브랜드 이미지를 파악하는 두 번째 방법은 투사적 기법(projective method)이나 연상적 기법(association method)을 통하여 브랜드 이미지를 정성적으로 파악하는 방법이다. 투사적 기법이나 연상적 기법은 브랜드와 가장 가까운 이미지를 비주얼 도구를 활용하거나 문장을 완성하는 방법 혹은 브랜드를 의인화하여 묘사하는 기법 등을 통하여 이미지를 표현하도록 유도하는 기법이다.

투사적 기법이나 연상적 기법은 브랜드에 대한 현상적인 이미지뿐만 아니라 잠재적인 무의식 이미지를 포착할 수 있다는 장점이 있다. 그러나 개별 소비자의 주관적 이미지를 일반화하기 어렵다는 한계가 있다. 정량화가 어렵기 때문에 경쟁 브랜드와 비교하거나 브랜드 이미지의 관리 지표로 활용하기 어렵다는 단점도 있다.

'언어 이미지 척도'를 활용한 브랜드 이미지 조사방법

'언어 이미지 척도'를 활용한 브랜드 이미지 조사는 소비자의 의식적이거나 무의식적인 마음 속에 담겨있는 브랜드에 대한 생각과 느낌을 일상 생활에서 흔히 사용하는 언어를 통하여 측정하고 진단하는 방법이다. 브랜드 이미지는 소비자 마음 속에 그려지는 형상이므로 비주얼 이미지(visual image)로 표현할 수도 있지만 명사, 동사, 형용사와 같은 보편적이고 일상적인 언어 이미지(verbal image)로 표현할 수도 있다.

언어 이미지를 이용한 브랜드 이미지 조사에서 가장 많이 사용되는 척도는 '의미 분별척도' 혹은 '형용사 의미 분별법'이라고 불리는 SD 척도(Semantic Differential Scale)와 일본 NCD 컬러 연구소에서 개발한 '언어 이미지 스케일'(Word Image Scale)이다.

SD 척도 분석
(Semantic Differential Scale-형용사 의미 분별법)

SD 척도 분석은 서로 반대되는 의미를 가진 형용사를 한 개의 쌍으로 대비하여 척도의 양쪽 끝에 배치하고 7점 척도를 이용하여 정량적으로 평가하는 방법이다. '의미 분별 척도' 혹은 '형용사 의미 분별법'으로도 알려져 있다. SD 척도 분석은 소비자가 특정 개념 또는 상품에 대해 어떠한 이미지를 가지고 있거나 어떠한 태도를 취하고 있는지를 정량적으로 측정한다.

예를 들어 복수 브랜드의 공통적인 아이덴티티로 '부드러움', '평평함', '은은함', '투명함', '스며듦', '안정적임'을 대표 키워드로 추출한다. 브랜드 이미지 평가를 위한 키워드로 12개의 형용사를 키워드로 선정한 후에 각 형용사의 반대되는 의미를 가진 단어를 포함하여 24개의 키워드로 SD 척도 분석을 한다.

SD 척도 분석을 통해 소비자의 브랜드 이미지 연상이 브랜드 아이덴티티를 대표하는 이미지와 부합하는지를 확인한 결과 복수의 브랜드가 '부드러운', '투명한', '안정적인'과 같은 키워드를 공유하고 있었다. 그러나 두 번째 브랜드는 브랜드 이미지가 브랜드 아이덴티티에서 설정한 것과 달리 단순명료하지 않고 복합적이며 이미지간의 조화가 부드럽게 연결되지 않고 뚜렷한 대조를 보였다.

그림 7-1 Visual Identity 적용 브랜드 SD 스케일 분석 결과

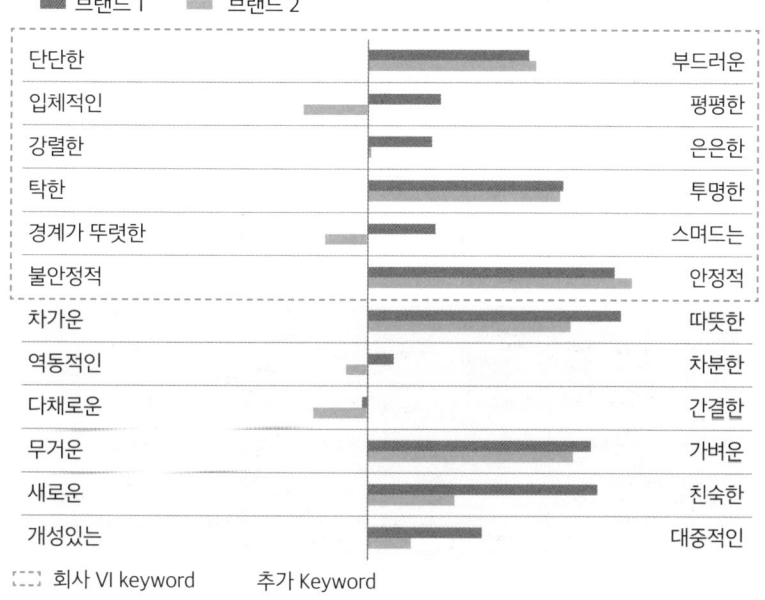

NCD 컬러 연구소의 '언어 이미지 척도' (Word Image Scale)

일본 NCD 컬러 연구소가 개발한 '언어 이미지 척도'는 트렌드 분석, 디자인·색채 기획을 위해 다양하게 활용되는 브랜드 이미지 조사 도구이다. NCD의 '언어 이미지 척도'는 부드러움과 단단함'(soft-hard), '따뜻함과 차가움'(warm-cold)을 두 축으로 4분면의 구조를 가진 척도로 구성되어 언어적 이미지와 비주얼 이미지를 조사하고 분류하는 도구이다. 예를 들면 '여성스럽다', '차갑다', '신뢰가 간다', '매혹적이다' 등 다양한 형용사 분류를 통해 그에 해당

되는 언어적 표현이나 색상을 사용하여 브랜드 이미지를 효과적으로 표현하고 전달할 수 있다.

그림 7-2 일본 NCD 컬러 연구소가 개발한 언어 이미지 스케일

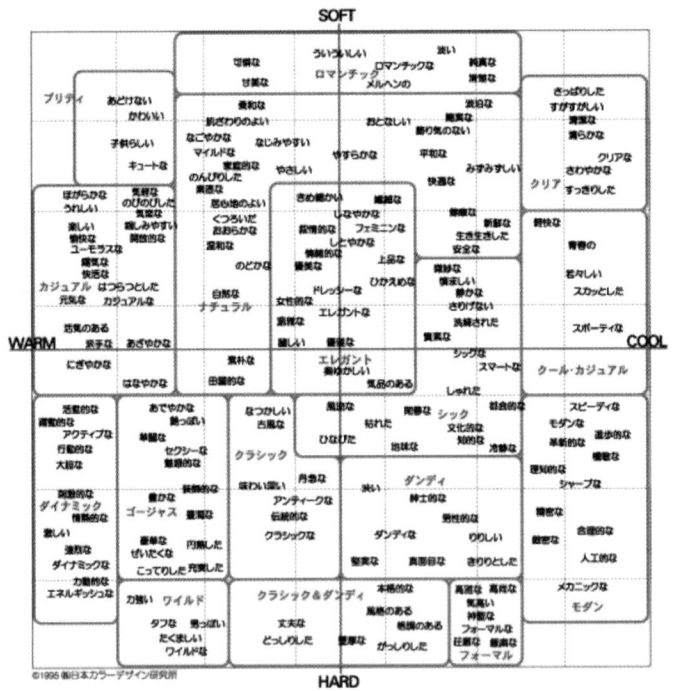

그림 7-3 일본 NCD 컬러 연구소가 개발한 언어 이미지 스케일 맵

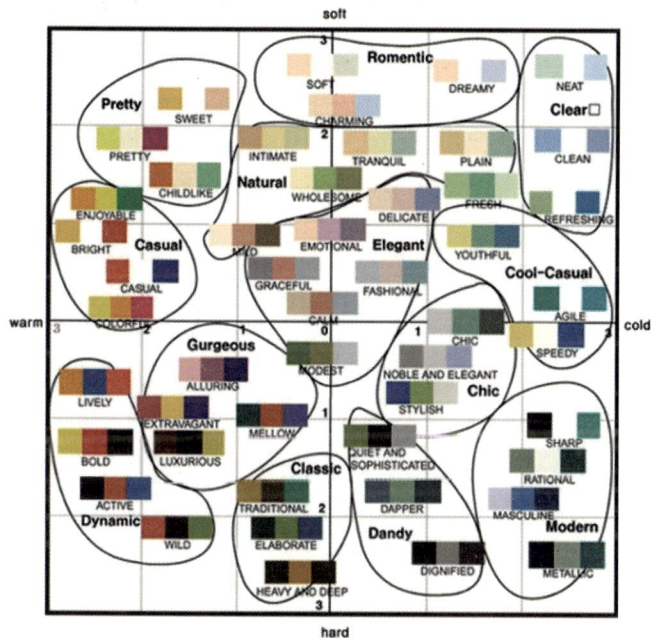

출처: Nippon Color and Design Research Institute inc., Word Image Scale (180 Image Words)

다음은 금융회사에서 운영하는 모바일 서비스와 웹서비스의 UI가 브랜드 아이덴티티를 효과적으로 반영하고 있는지를 '언어 이미지 척도' 조사방법을 통해서 검증한 사례이다.

P 회사는 금융 서비스 기업으로 웹사이트와 모바일 웹, 모바일 앱 등 고객을 위한 다양한 디지털 채널을 운영 중이다. P 회사는 온라인, 모바일 채널에서 긍정적인 브랜드 경험을 제공하는 요소가 부족하고 서비스와 컨텐츠의 접근성이 떨어지며 소비자의 관심을 유

Chapter 3 소비자의 마음을 읽는다

도하는 측면에서 미흡하다는 평가를 받았다.

P 회사는 소비자 경험에 대한 부정적인 평가를 배경으로 디지털 채널의 UX 컨셉 방향 재설정을 위한 조사를 진행하였다. 이 조사의 일환으로 소비자들이 자사 브랜드에 대하여 인식하고 있는 브랜드 이미지를 '언어 이미지 척도'를 활용하여 측정하고 분석하였다.

1. 정성조사에 참석한 소비자들에게 사전 과제와 현장 과제를 주고 기존의 브랜드 아이덴티티가 적용된 서비스를 제시하여 자기기입식 설문에 응답하도록 한다.
2. 소비자들이 체크한 단어의 개수를 취합하여 수량화한다.
3. 소비자들의 응답 결과를 '언어 이미지 척도'에 매칭하여 어떤 브랜드 이미지를 갖고 있는지를 시각화한다.

그림 7-4 브랜드 이미지 분석을 위한 응답지

p회사 웹사이트/앱 연상 이미지 평가

P회사의 웹사이트와 모바링 앱을 사용하시면서, 머리 속에 떠오른 이미지 키워드를 모두 표시해 주세요.

아래 박스를 복사, 붙여넣기하여 모두 선택해 주세요.

아기자기한	부드러운	즐거운	투명한	자유로운
사랑스러운	깔끔한	재미있는	섬세한	와일드한
도시적인	친근한	정다운	보수적인	클래식한
선명한	가지런한	차가운	우울한	나이든
딱딱한	풍성한	진보적인	자연적인	감성적인
복잡한	단정한	돋보이는	정돈된	단순한
기능적인	포근한	깊은	전원적인	서양적인
개성적인	심플한	혁신적인	뛰어난	그윽한
달콤한	순수한	유연한	여성적인	옅은
기운찬	정적인	강인한	조용한	수수한
견고한	편안한	품위있는	전통적인	중후한
싱싱한	율동적인	소박한	남성적인	감미로운
거친	차분한	강한	인공적인	오래된
하이테크한	탁한	세련된	편리한	고급스러운
지적인	동양적인	무거운	간편한	실용적인
어두운	감각적인	격식있는	멋진	이성적인
신선한	맑은	밝은	상쾌한	가벼운
향기로운	연약한	스포티한	잔잔한	매끄러운
활동적인	안정된	젊은	약한	새로운

표 7-1 응답한 이미지 속성 집계

Visual Identity Keywords

아기자기한	10	부드러운	2	즐거운	2	투명한	1	자유로운	2
사랑스러운		깔끔한	22	재미있는		섬세한	1	와일드한	2
도시적인	3	친근한	2	정다운	1	보수적인	3	클래식한	4
선명한	6	가지런한	7	차가운		우울한		나이든	
딱딱한	2	풍성한		진보적인		자연적인		감성적인	2
복잡한	2	단정한	4	돋보이는	1	정돈된	6	단순한	4
기능적인	4	포근한	1	깊은		전원적인		서양적인	
개성적인	2	심플한		혁신적인	1	뛰어난		그윽한	1
달콤한		순수한		유연한		여성적인	2	옅은	
기운찬		정적인	3	강인한		조용한		수수한	1
견고한		편안한	3	품위있는		전통적인	2	중후한	1
싱싱한	2	율동적인		소박한	4	남성적인		감미로운	
거친		차분한	1	강한		인공적인	1	오래된	1
하이테크한	1	탁한		세련된	1	편리한	6	고급스러운	1
지적인	3	동양적인	1	무거운		간편한	4	실용적인	7
어두운		감각적인		격식있는		멋진		이성적인	
신선한		맑은	2	밝은	3	상쾌한		가벼운	2
향기로운		연약한	1	스포티한		잔잔한		매끄러운	1
활동적인	4	안정된	2	젊은	6	약한		새로운	

그림 7-5 '언어 이미지 척도'를 활용한 브랜드 이미지 지도

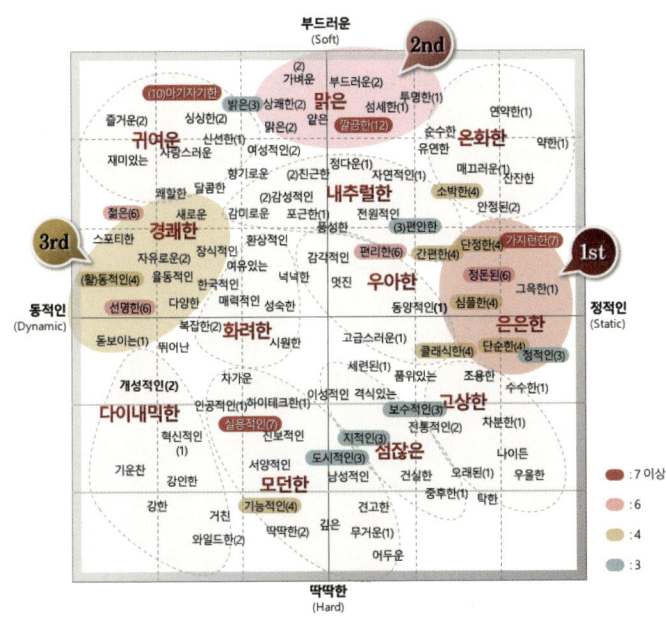

'언어 이미지 척도'를 통한 분석결과 P 회사의 디지털 채널은 '은은하고', '맑은', '경쾌한', '귀여운' 그리고 '모던한' 이미지를 전달하고 있다. 그러나 다른 이미지는 브랜드 아이덴티티와 상충되며 동적인 이미지와 정적인 이미지가 혼재하는 등 브랜드 이미지에 일관성이 부족하다는 평가를 받았다.

맺음말

'언어 이미지 척도'는 감성적이고 시각적인 브랜드 이미지의 측정을 위한 효과적인 도구이다. 이를 통하여 브랜드 아이덴티티를 효과적으로 구현할 수 있는 디지털 서비스 채널의 개선이나 브랜드 로고, 광고 이미지, 패키지 디자인, 매장 디자인 등 브랜드 이미지의 시각적 구성과 표현을 진단하고 개선하는 도구로 활용할 수 있다.

EEG와 Eye Tracking을 동시에 이용한 뉴로사이언스 광고 효과[*]

8 research note

김경용 한국리서치 마케팅조사 1본부

    동영상 광고에서 변화하는 장면에 대한 소비자 반응을 직접 측정할 수 있는 방법은 없을까? Eye tracking과 EEG는 이런 질문에 해답을 주는 뉴로사이언스 기법이다.

    설문조사 방식의 광고 효과 조사와 달리 동영상 광고의 장면에 대한 소비자 반응을 실시간으로 측정할 수 있는 뉴로사이언스 기법을 활용한 광고 효과 조사의 사례를 소개한다.

---

[*] 'EEG와 Eye Tracking을 동시에 이용한 뉴로사이언스 광고 효과 조사 사례'는 '소비자의 변화와 마케팅의 미래'를 주제로 하는 한국리서치 창립 40주년 기념 고객 세미나(2018. 10.25)에서 발표한 내용입니다.

설문조사 방식의 기존 광고 효과 조사

기존의 광고 효과 조사는 설문조사 방식으로 진행하여 선호도, 주목도, 독특성, 신뢰도, 이해도, 모델 선호도, 배경음악 선호도 등의 세부 지표를 척도 문항으로 측정한다.

이러한 조사는 자사와 경쟁사 광고를 비교하여 자사 광고가 경쟁사 대비 어떤 평가를 받고 있는지를 파악할 수 있지만 광고를 시청한 이후의 전반적 평가라는 한계가 있다. 동영상의 수많은 장면 하나, 하나에 대한 세부적인 평가 데이터를 산출하지는 못한다. 따라서 광고물의 개별 장면을 어떻게 수정하거나 보완해야 하는지의 판단에는 도움이 되지 못한다.

실시간 광고 효과 조사가 가능한 뉴로사이언스 기법: EEG + Eye Tracking

Eye Tracking을 이용하면 소비자가 광고 동영상의 어떤 장면을 보는지에 대한 상세한 데이터가 축적되므로 광고 장면에 대한 평가가 가능하다. 뉴로사이언스의 두 번째 기법인 뇌파측정(EEG)을 활용하면 동영상 광고를 시청하는 매 순간의 뇌파를 포착하여 동영상 광고 효과를 측정할 수 있다.

최근에는 Eye tracking과 EEG 기법을 결합한 방법이 개발되었다. 룩시드랩스(Looxid Labs)에서는 Eye Tracking과 EEG를 동시에 측정하는 VR기기를 출시하여 2018 CES에서 혁신상(Best of Innovation)을 수상하였다. 이 장치는 VR 환경에서 8개의 뇌파 센서와 2개의 시선 추적 카메라로 시선과 뇌파를 측정할 수 있다.

그림 8-1 시선추적과 뇌파 센서가 내장된 VR 헤드셋

이 기기는 복잡한 EEG 신호를 분석하고 Eye tracking 데이터와 연계할 수 있는 분석 알고리즘을 이용하여 광고 동영상 장면 하나, 하나에 대한 시청자 반응을 정밀하고 상세하게 실시간으로 측정할 수 있다.

뉴로사이언스 방법으로 얻을 수 있는 데이터는 기존 데이터와 큰 차이를 보인다. 이전에는 광고를 본 이후의 전반적 선호도 수치만 측정하지만 뉴로사이언스 방법을 적용하면 광고 장면 하나, 하나의 선호도 분석이 가능하다.

그림 8-2 설문조사에 의한 기존의 광고 효과 조사 결과 예시

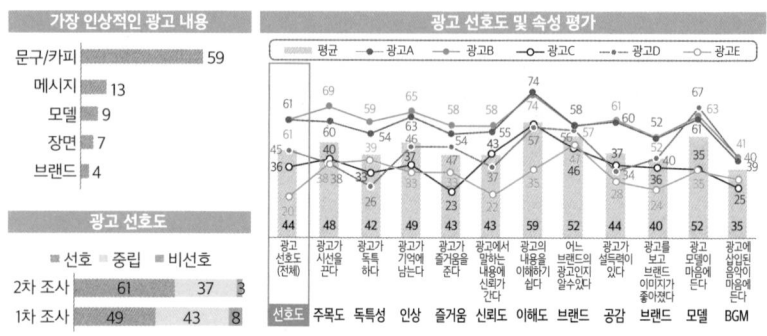

표 8-1 뉴로사이언스 방법과 기존 설문조사 방법 비교

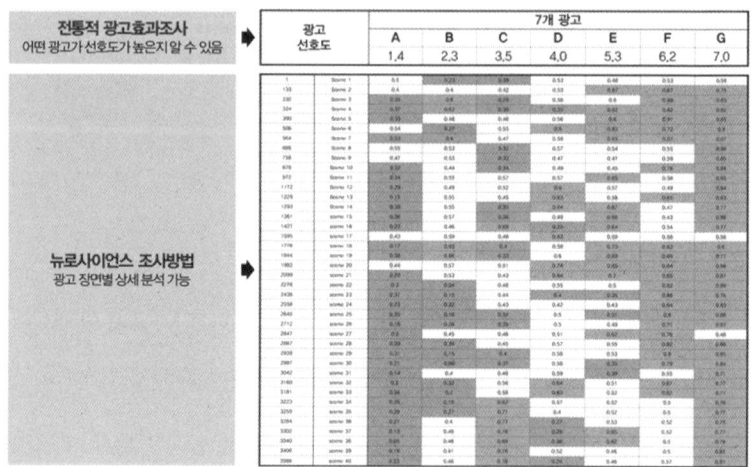

뉴로사이언스 광고 효과 조사 사례: (1) 하이라이트 장면의 효과

[그림 8-3]은 <금연 광고 - 유해물질 편>의 화면이다. 이 광고의 하이라이트는 다양한 유해물질이 섞인 물컵을 들이키는 장면이다.

이 장면이 효과가 있다면 흡연 선호도는 하락하고 시청자의 각성 수준은 높아질 것으로 예상할 수 있다. 이 장면에 응답자가 어떠한 반응을 보였는지에 대한 결과는 [그림 8-4]와 같다.

그림 8-3 금연광고 유해물질 편

그림 8-4 금연광고 - 유해 물질 편에 대한 시청자 반응

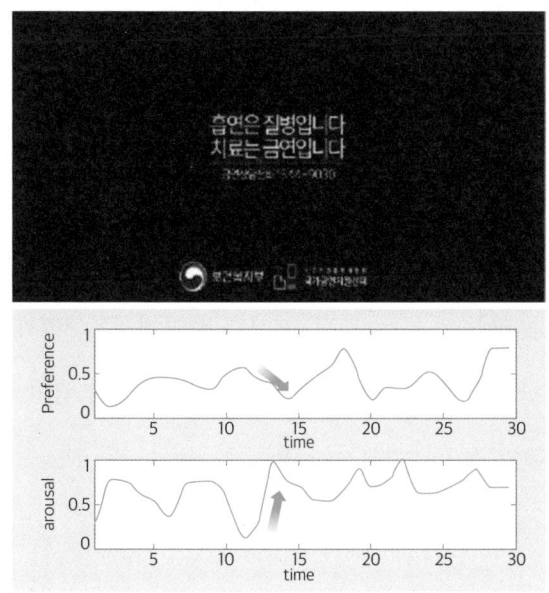

위의 결과에서 하이라이트 장면에서 선호도가 급격히 하락하고 각성 상태가 해당 시점을 기준으로 크게 올라간다. 금연광고 물컵편의 하이라이트 장면은 소비자에게 임팩트를 주고 있다고 해석할 수 있다.

뉴로사이언스 광고조사 사례: (2) 유사 장면의 반복효과

뉴로사이언스 조사 방법을 사용하면 유사 장면의 반복효과 측정도 가능하다. 분석 대상 광고는 LG OLED TV Black편이다.

LG OLED TV Black편 링크:
https://www.youtube.com/watch?v=pMtkHdpd29M

이 광고에서 동일한 메시지를 강조하기 위해 유사한 장면이 3차례 반복된다. 유사한 장면의 반복은 선호도에 어떠한 영향을 주나? 조사 결과에 따르면 유사한 장면의 반복은 선호도를 다소 하락하는 결과를 초래한다. '세상의 모든 TV가 화질을 이야기합니다' 메시지에서는 2번째 TV가 나타난 이후 선호도가 하락하였다. '컬러 하나에 깊이를 만들어 주는 블랙' 메시지 장면에서는 3번째 장면부터 선호도가 하락하였다. 물론 해당 장면이 전체적인 광고 선호도 하락을 초래하였다고 단언하기는 힘들다. 그러나 유사한 장면이 반복되면 해당 장면에서 선호도 하락에 영향을 준다.

그림 8-5 LG OLED TV 광고에 대한 선호도 반응 결과

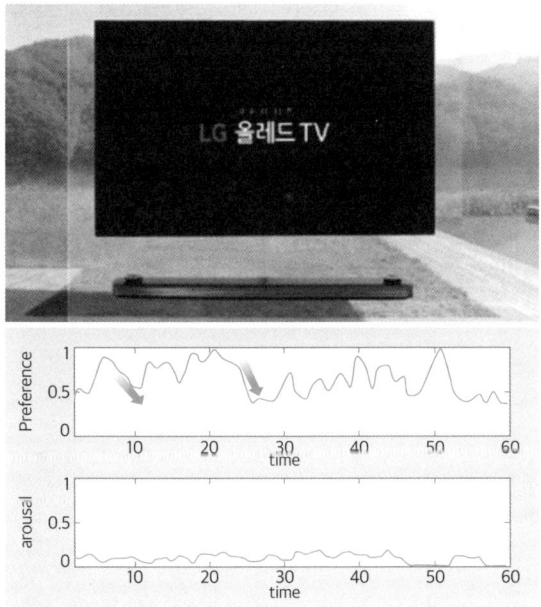

뉴로사이언스 광고조사 방법 분석 예시: (3) 선호 기능 분석

다양한 기능을 나열하는 광고는 어떤 기능에 소비자가 더 많은 주의를 기울였는지 분석이 가능하다. 분석 대상 광고는 LG G7 휴대폰 BTS 편이다.

LG G7 BTS 편 링크:
https://www.youtube.com/watch?v=omC4LH9cI7c

이 광고에서 여러 기능에 대한 소개 장면 별로 모델이 아닌 기능에 주목한 비율을 측정할 수 있다. 각각의 장면에서 선호도를 측정할 수 있으나 BTS 모델의 영향력이 강한 광고이어서 모델과 기능이 모두 나오는 장면에서 BTS 모델을 보지 않고 기능 메시지를 보는 비율을 분석하였다. 기능이 매력적이라면 모델보다 기능 메시지를 부분을 보는 비율이 증가할 것이기 때문이다.

그림 8-6 LG BTS 광고의 각 기능 설명 장면 주목율

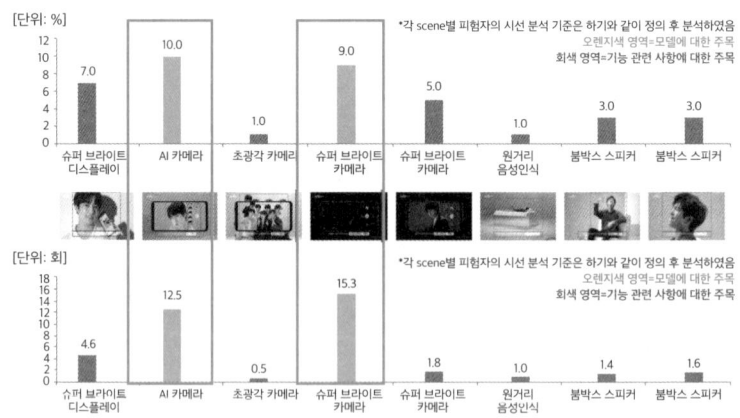

측정 결과 가장 주목을 끌었던 기능은 'AI 카메라'와 '슈퍼 브라이트 카메라'이다. 물론 이 결과는 어떤 기능을 가장 선호하는지에 대한 사후 설문 조사를 통해도 얻을 수 있다. 그러나 사후 설문 조사는 광고를 다 보고 난 후의 기억에 의존한 응답이고 뉴로사이언스 조사 방법의 결과는 실시간으로 측정한 응답자의 실제 행동이다.

뉴로사이언스 광고조사 방법 분석 예시:
(4) 프로모션 메시지의 주목도

현지 집행 중인 광고에 프로모션 메시지를 삽입할 경우 뉴로사이언스를 활용하면 프로모션 메시지에 대한 시청자의 주목도를 측정할 수 있다. BTS 광고 영상은 광고 후반부에 LG G7 프로모션 메시지를 하단에 표시하였다.

그림 8-7 BTS 광고의 프로모션 메시지 장면

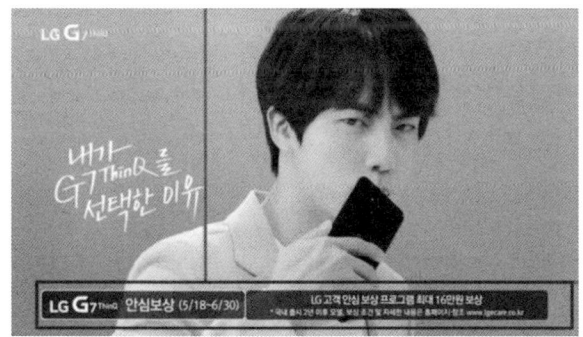

그림 8-8 프로모션 메시지에 대한 주목율

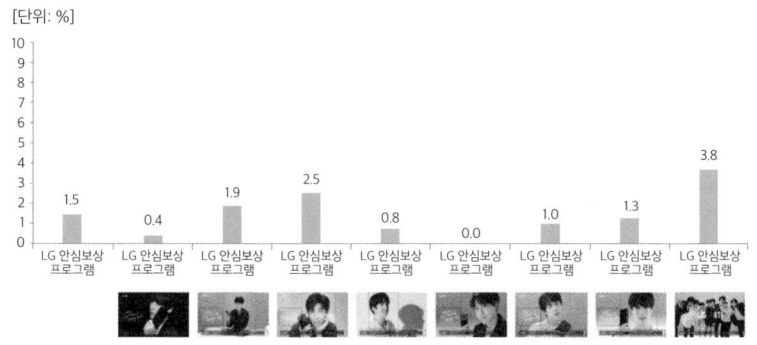

프로모션 메시지에 여러 모델이 반복되어 나타날 때의 주목율은 장면별 편차가 있지만 1.5%로 측정되었다.

프로모션 메시지 삽입이 불필요한 것은 아니다. 기존 광고에 프로모션 메시지를 삽입하는 것은 추가비용이 적으므로 ROI 측면에서 1.5%에 대한 판단은 다를 수 있다.

이처럼 뉴로사이언스 조사는 시청자 주목도가 낮아서 응답자의 기억에 의존한 조사로는 평가가 어려운 요소에 대한 광고 효과 측정이 가능하다.

맺음말: 뉴로사이언스 조사의 장점과 마케팅 조사 활용방안

EEG와 Eye tracking 기법을 사용하면 장면별 정밀한 측정이 가능하기 때문에 다양한 시각에서 심도있는 접근을 할 수 있다. 뉴로사이언스 방법을 활용하면 광고 하이라이트의 효과를 측정할 수 있고 동일한 메시지의 반복효과 측정이 가능하다. 특정 장면에 대한 주목도를 측정할 수 있고 광고 요소 하나, 하나에 대한 정밀한 정량적 효과 측정이 가능하다.

뉴로사이언스 방법은 광고효과 이외에 마케팅 조사의 다양한 분야에서 활용이 가능하다. 슬라이드 쇼 형태의 동영상으로 구성한 광고의 평가에도 적용 가능하고 플래시 형태로 제품 컨셉 테스트에도 적용 가능하다. 가상현실(virtual reality)로 자극물을 구성하면 패키지 테스트, 매장 컨셉 데스트, 카 클리닉 등에도 뉴로사이언스 조사 방법을 적용할 수 있다.

PART 4
최적의 소비자 감각을 구현한다

최적의 소비자 감각을 구현하는 제품개발 조사방법 : GPA를 활용한 Sensory Test 최적화 사례

9 research note

장선영 한국리서치 마케팅조사 사업2본부
조은호 한국리서치 마케팅조사 사업2본부

소비자가 제품을 선택할 때 대부분의 사람들은 맛(flavor), 향기(aroma), 촉감(tactile), 식감(texture), 소리(sound) 등의 감각적 경험을 중시한다. 우리 제품이 소비자에게 최적의 감각적 경험을 제공하고 있나? 소비자의 감각적 경험에서 경쟁제품보다 우위에 있나? 소비자의 감각적 경험을 최적화하려면 무엇을, 어떻게 개선해야 하나?

기업이 제품을 개발할 때 R&D 연구원이 선정한 전문적인 속성으로 소비자 평가를 받는 경향이 있다. 카스텔라는 단맛과 우유맛, 촉촉함 등으로 평가한다. 하지만 소비자들은 우유맛을 '크림 맛'으로 표현하기도 하고 '촉촉함'을 '폭신폭신함'으로 표현하기도 한다. 맥주의 '풍부한 맛'을 '진한 보리 맛'으로 혹은 '걸쭉한 목넘김'으로 연상하고 평가하는 경우가 있다.

이처럼 소비자들은 감각적 경험(sensory experience)을 서로 다른 방식으로 표현한다. 소비자 개개인은 전문가 평가 기준에 맞추어 제품을 평가하지 않는다. 가장 좋은 방법은 소비자의 감각적 경험에 대한 표현 그대로를 구성하여 평가를 하는 것이다.

소비자 감각적 경험의 속성 평가:
GPA(Generalized Procrustes Analysis)

GPA는 소비자의 감각적 경험을 기준으로 제품 속성을 평가하는 관능조사(sensory test) 기법이다. GPA는 소비자가 제시한 감각적 속성에서 유사한 패턴을 찾아내고 평가 항목의 누락이 없도록 동일한 감각적 경험을 동일한 속성으로 평가하는 방법이다.

GPA Test Process:
소비자의 감각적 경험에 의한 평가(Free Choice Profiling)

GPA는 소비자가 자유롭게 제품을 평가하고(free choice profiling) 공통의 평가 속성을 이끌어내는 관능조사 방법이다. GPA는 (1) 평가 카테고리를 제시하는 단계 (2) 카테고리별 평가 대상의 특징을 기술하는 단계 (3) 기술된 속성의 대비 언어를 선정하는 단계 (4) 대상 제품을 평가하는 단계 (5) 이상적인 제품을 평가하는 단계로 구성한다.

평가 카테고리를 제시하는 단계에서는 평가 제품군을 제시하고 소비자는 평가 속성을 기록한다. 평가 속성을 몇 개의 카테고리(맛, 향, 식감 등)로 나누고 카테고리를 하나씩 제시하면서 평가 속성을 기술한다.

카테고리별 평가 대상의 특징을 기술하는 단계에서는 평가 제품을 무작위로 제시하고 소비자가 제품을 자유롭게 기술하게 한다. 단맛, 신맛, 쓴맛, 매운맛 등 소비자 개개인이 기술하는 제품 속성의 내용과 숫자는 각각 다르게 표현된다.

기술된 속성의 대비 언어를 선정하는 단계에서는 소비자가 표현한 속성에 반대되는 단어를 기록한다. 반대되는 속성이 없을 경우에는 '매우 강하다'와 '매우 약하다'를 양극단에 설정하고 평가 속성을 5점, 7점, 11점 척도로 구성한다.

제품을 평가하는 단계에서는 소비자가 기술한 평가 속성에 따라 각각의 제품을 척도로 평가한다.

마지막으로 이상적인 제품을 평가하는 단계에서는 소비자에게 이상적인 제품을 상정하게 하고 가장 이상적인 제품의 속성을 척도로 표시하도록 한다.

그림 9-1 GPA Test의 자료수집 절차

Free Choice Profiling

1. 평가 카테고리 제시
   잠재 평가 속성을 몇 개의 카테고리로 나눈 후 평가자에게 카테고리를 하나씩 제시 예) 맛, 향, 질감...
2. 카테고리별 평가대상 기술
   무작위로 평가 대상을 제시하고, 각 평가 카테고리별로 해당 평가 대상의 특징을 기술하게 함 예) 단맛, 신맛, 떫은 맛...
3. 기술된 속성의 대비 단어 선정
   기술된 평가 속성의 대비 단어를 정의하게하여 척도를 구축함. 대비어가 없을 경우는 매우 강하다와 매우 약하다를 양 극단으로 사용 - 짝수 척도 (5점, 7점, 11점, 등)
4. 평가 대상 평가
   모든 평가 속성 척도가 선정되면 각 평가 속성 척도를 사용하여 각 평가 대상을 평가함
5. Ideal 제품 평가
   동일한 방식으로 ideal 제품을 상상하고 각 평가 속성 척도에 대한 ideal 제품을 기술함

running
GPA

Extracting attributes

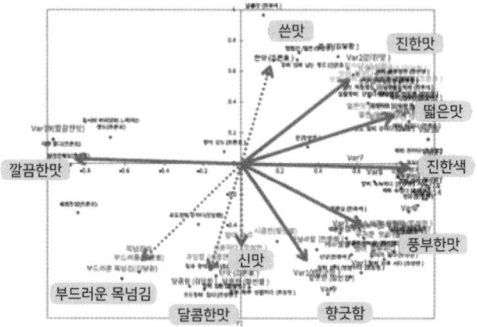

GPA를 통한 합의된 평가 속성의 도출

GPA의 자유연상평가(free choice profiling) 방식을 적용하면 소비자들이 평가한 각각의 속성과 평가 점수 평균은 서로 다르다. 이렇게 서로 다른 속성과 평가 점수를 어떻게 유사한 속성끼리 묶을 수 있는지가 중요하다.

GPA 분석은 평가자 간 서로 다른 평가 속성과 평가점수를 회전(rotation & reflection)하거나 크기를 조정(scaling)하는 등의 방식을 통해 유사점과 차이점을 구별한다. 와인 테스트에서 '풍부한 맛'이라고 기술한 속성과 '진한 맛'으로 기술한 속성을(방향과 크기는 다르지만) 유사한 패턴으로 평가하면 같은 의미를 지닌 속성으로 간주한다.

그림 9-2 회전과 조정에 의한 평가 속성값의 변환

[Generalized Procrustes Analysis]
■ transformation significance

| Initial configurations | Translation (center alignment) |  Rotation & Reflection | 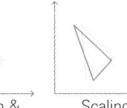 Scaling (size changing) |

PANOVA table:

Source	DF	Sum of squares	Mean squares	F	Pr > F
Residuals after scaling	120	25876.733	215.639		
Scaling	5	3193.688	638.738	2.962	0.015
Residuals after rotation	125	29070.421	232.563		
Rotation	225	63217.599	280.967	1.303	0.053
Residuals after translation	350	92288.021	263.680		
Translation	50	100935.813	2018.716	9.362	<0.0001
Corrected Total	400	193223.833	483.060		

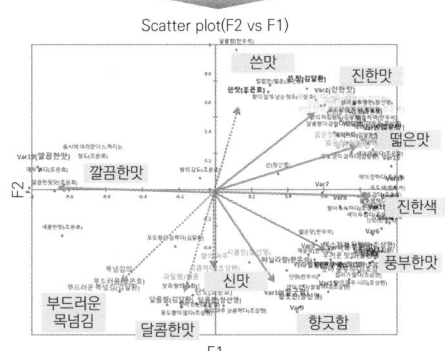

Scatter plot(F2 vs F1)

GPA 분석의 사례 : 와인 평가 결과

다음 사례는 GPA 분석 방법을 통하여 와인을 평가한 사례이다. S 와인과 Q 와인에 대한 평가는 차이가 크다. W 와인과 T 와인은 평가가 겹치는 부분이 많고 이 두 제품은 이상적인 제품에 가까운 것으로 평가된다.

그림 9-3 소비자가 평가한 속성에 따른 제품력 비교

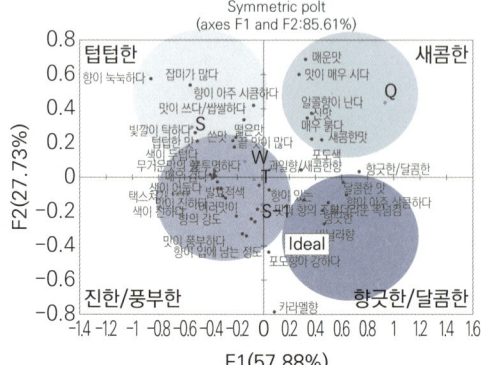

[그림 9-3]은 평가자가 어떤 속성으로 평가하였는지를 제시하고 그 속성이 어떤 의미로 합의를 이루고 있는지를 보여준다. 평가자는 '텁텁한 정도'를 '잡미가 많다', '향이 눅눅하다', '맛이 쌉쌀하다', '빛깔이 탁하다' 등으로 표현한다. '새콤한' 맛은 '신맛', '과일향' 등으로 표현되고 '진한 맛'은 '맛이 풍부하다', 향이 입에 남는다'로 표현된다. '달콤한 맛'은 '향긋한 맛', '상큼한 맛'으로도 표현된다. 이들 속성은 제품 평가에서 같은 의미를 가진 것으로 합의를 이루었다고 볼 수 있다.

감각적 경험의 개선방향 및 이상적 제품 구현을 위한 방향성

GPA 분석의 다음 단계에서는 CATA(check-all-that-apply) 분석을 통해서 (1) 각 평가 제품들이 얼마나 이상적인 제품에 가까운지 (2) 이상적인 제품이 되기 위해서는 무엇을 개선해야 하는지에 대한 포인트를 파악한다.

평가 제품이 이상적인 제품의 속성들을 가지고 있지 않을 때 소비자 호감도가 하락하는 정도(penalty) 혹은 그 반대의 경우를 비교하면 평가 속성의 중요도를 알 수 있다. 중요도가 높은 속성은 우선적으로 개선을 검토해야 할 요소이다. 각 평가 대상과 이상적인 제품간의 차이를 보면 평가 제품이 이상적인 제품에 가까워지기 위한 개선 포인트를 파악한다.

그림 9-4 감각적 경험의 개선 방향성 탐색

■ 개선 방향성(최우선 개선속성) 파악 : Penalty 분석을 통해, MUST HAVE, MUST NOT HAVE 속성을 파악함

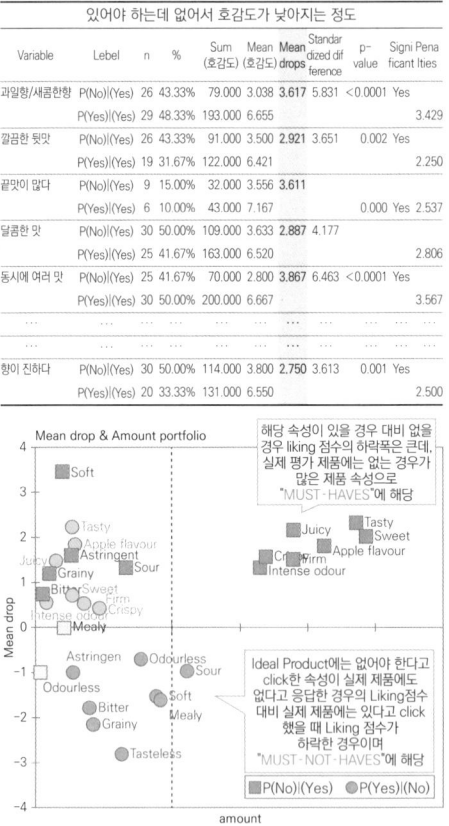

제품 개선 정도(Amount)의 정량적 추정치

평가 속성과 개선의 방향을 정하면 개선해야 할 중요한 속성을 얼마만큼 개선해야 이상적인 제품에 가까워질 수 있을까에 대한 정량적 추정치를 구한다. PLS(Partial Least Squares), QIP(Quantifying

Ideal Point) 등의 통계적 모델을 통해 각 평가 속성들과 성분(요소)들 간의 관계 및 영향력을 측정하고 제품 개선의 정도(amount)를 정량적으로 추정한다.

그림 9-5 개선할 제품 속성의 정도(amount) 정량적 추정치

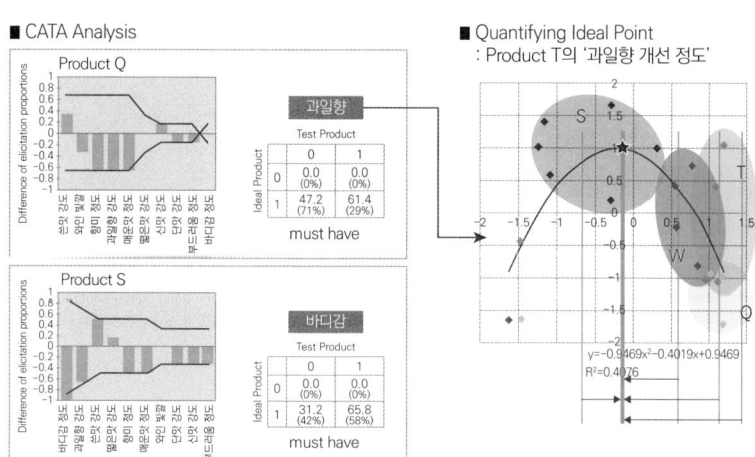

GPA를 통한 감각적 경험 평가의 장점

소비자의 감각적 경험을 기반으로 제품을 평가하는 GPA 분석은 장점이 많다.

첫째, 평가자가 직접 평가 속성을 기술하고 평가하므로 평가속성에 대해 사전에 고민하고 결정할 필요가 없다.

둘째, 평가자가 자신의 언어로 제품을 평가하므로 낯선 용어나 전문적인 용어이어서 발생하는 평가의 오류를 방지할 수 있다.

셋째, 연구자가 놓칠 수 있는 중요한 속성을 소비자를 통해 발굴할 수 있다. 소비자들이 특정 브랜드를 선택하는 요인 중 문화나 언어의 차이에서 오는 새로운 속성을 발굴할 수 있다. 예를 들어 커피믹스 평가 속성 중 '구수한 맛'은 한국 소비자에게 중요한 속성이다.

넷째, 마케팅 커뮤니케이션이나 제품 컨셉 개발 측면에서 핵심 속성에 대한 대안을 찾을 수도 있다. '신선함'이라는 속성으로 맥주 신제품을 개발할 경우 경쟁제품이 그 속성을 선점하고 있다면 '신선함' 대신 '깔끔함' 등의 표현을 활용할 수도 있다.

다섯째, 자사 제품과 이상적 제품의 비교를 통해서 제품의 감각적 경험을 증대시키는 방향성을 발견하고 개선이 필요한 정량적 추정치를 측정할 수 있다.

Sens'Visor®: 소비자 눈높이로 측정하는 Sensory Test: 평가 속성 개발과 개선점 도출을 위한 관능조사

10 research note

한우석 한국리서치 혁신연구센터

인공지능과 빅데이터 시대에도 컴퓨터가 인간의 모든 것을 대신할 수는 없다. 특히 사람의 오감을 통한 관능 조사(sensory test)는 인공지능이 발전되어도 가까운 미래에는 만족할만한 결과물을 만들어 내기 어려운 분야이다.

한국리서치가 개발한 Sens'Visor®는 소비자 관점에서 소비자 호감도에 영향을 주는 속성을 발굴하고 개선 방향을 제시하는 관능 조사 평가 모듈이다.

관능 조사는 제품에 대한 평가 속성을 정의한 후 제품을 평가하고 이상적인 제품에 대한 호감도와 비교하여 개선 포인트를 도출해 내는 과정을 거친다.

평가 속성의 개발을 위한 GPA
(Generalized Procrustes Analysis)

관능 조사에서 사용되는 평가 속성은 제품에 대한 소비자 호감도에 가장 중요하게 영향력을 행사하는 요소라고 기업이 선정한 것이다. 그러나 기업이 중요하다고 선정한 속성이 소비자에게는 상대적으로 덜 중요할 수도 있고 혹은 그 반대의 경우도 있다. 이전에 소비자가 중요하게 인식한 속성의 중요도가 달라지거나 더 중요한 새로운 속성이 나타날 수도 있다.

기존에 사용하던 속성 평가 대신 소비자 스스로의 언어로 제품을 평가하면 이러한 문제를 해결할 수 있다. GPA(Generalized Procrustes Analysis)는 먼저 소비자가 평가 제품을 각자 주관적으로 기술하고 이렇게 기술된 항목을 평가 속성으로 활용하여 그 제품을 평가하는 방식이다.

평가자가 주관적으로 제품을 평가하더라도 가장 중요한 속성은 대다수의 평가자의 주관적인 기술 내용에 공통적으로 나타난다. 연구자는 통계적 조정(alignment)으로 공통 요인을 뽑아 내어 평가 속성으로 변환할 수 있다. (그림 10-1)

그림 10-1 GPA에서 사용하는 평가 속성 조정 과정(alignment)

평가자#1				평가자#2				평가자#3			
					텁텁한맛	4	5	향긋한맛	4	5	4
					과일향	5	2	알콜냄새	5	2	1
신맛	4	5	4					신맛	1	1	5
단맛	5	2	1					텍스처가 두터움	5	2	3
카라멜향	1	1	5								
떫은맛	5	2	3								

와인평가

원 자료 형태 → 중심점 이동 → 회전 및 반영 → 크기 조정

[그림 10-2]는 5개 와인 제품을 대상으로 GPA를 활용하여 도출한 10가지 평가 속성이다.

그림 10-2 GPA를 이용한 와인 평가 속성의 도출 결과

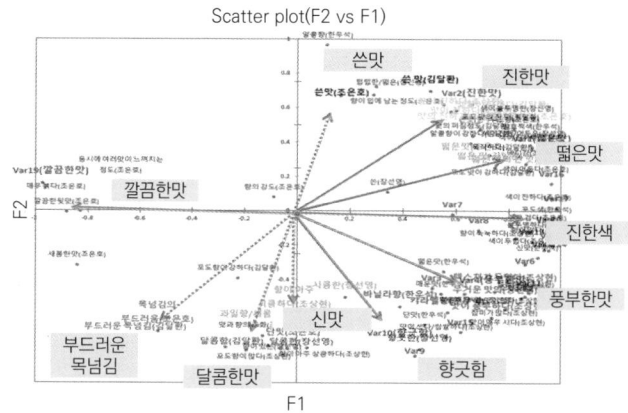

페널티 분석(Penalty Analysis)을 이용한 개선 중점 속성 추출

GPA에서 도출된 평가 속성 중 제품 호감도에 유의미한 영향력을 행사하는 속성을 추출하기 위해 페널티 분석을 이용한다. 페널티 분석은 CATA(check-all-that-apply) 분석 모듈이다. 평가 제품이 이상적인 제품과 얼마나 가까운지 이상적인 제품이 되기 위해 무엇을 개선해야 하는지에 대한 포인트를 파악할 수 있는 평가 기법이다.

그림 10-3 CATA를 이용한 Penalty 분석

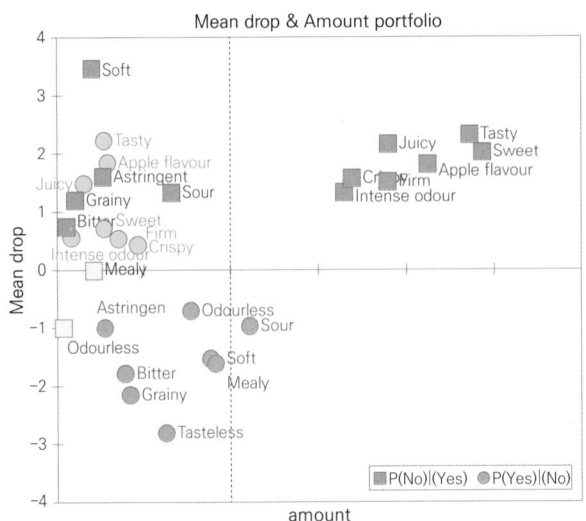

CATA 분석은 숙련된 전문 패널이 아니라 일반 소비자가 제품의 호감도를 평가한다. 제품을 잘 설명한다고 생각되는 평가 속성을 선택하고 마지막으로 이상적인(ideal) 제품이 가져야 할 속성을 선택한다.

평가 제품이 이상적인 제품의 속성을 가지고 있을 때 대비해서 이상적 제품의 속성을 가지고 있지 않을 때의 호감도 하락 정도(penalty) 혹은 그 반대의 경우를 분석하여 평가 속성을 4가지의 범주로 구분한다.

- 필수 요소(must-haves): 해당 속성이 있을 경우 대비 없을 경우에 호감도 점수 하락폭이 크고 실제 평가 제품에는 없는 경우가 많은 제품 속성
- 제거 요소(must-not-haves): 이상적인 제품에는 없어야 하는 속성이 실제 제품에 없는 경우의 호감도 점수 대비 실제 제품에는 있는 경우 호감도 점수가 하락한 속성
- 보너스 요소(nice-to-haves): 이상적인 제품에는 없어야 한다고 응답한 속성이 실제 제품에도 없는 경우의 호감도 점수 대비 실제 제품에는 있는 경우 호감도 점수가 오히려 상승한 속성
- 불필요 요소(irrelevant): 이상적인 제품에서의 해당 속성 존재 여부와 관계 없이 평가 제품에서 속성의 존재 여부가 호감도에 유의미한 차이를 보이지 않는 제품 속성

위의 네 가지 요소 중 평가 제품 간에 의미 있는 격차를 보이는 필수 요소와 제거 요소를 우선 평가 속성으로 선정하고 불필요한 요소에 해당하는 평가 속성은 제외한다.

관능조사를 위한 숙련된 평가 패널의 선정

평가 속성이 결정되면 각 평가 속성에 대한 평가 강도 자료와 소비자의 호감도 자료를 수집한다. 관능조사에서 평가제품에 대한 호감도는 타겟 소비자로부터 수집하지만 제품의 성분별 차이에 따른 평가 속성의 강도 측정을 위해서는 숙련된 패널이 필요하다.

SPA(Sensory Panel Analysis)는 제품 평가에서 패널의 기준을 평가하기 위한 분석틀이다. SPA는 10~20명의 패널을 대상으로 한 평가자의 평가가 다른 평가자와 상이한 패턴을 보이는지 어떤 속성에서 평가의 일치 정도가 높고 어떤 평가자가 전체 평균에서 많이 벗어나는지 각 평가 속성별로 각 평가자의 제품 변별력이 충분한지를 분석한다.

[그림 10-4]의 좌측 도표에 의하면 평가자 8,9,10의 평가는 다른 평가자와 분명한 차이를 보이며 우측 도표는 평가자 1,4,5의 제품 변별력이 다른 평가자 대비 많이 낮음을 보여준다. 평가자 8,9,10과 1,4,5의 경우 관능 조사의 평가자 패널로 선정하기 전에 신중한 검토가 필요하다.

그림 10-4 평가 패널들의 평가 패턴 및 제품 변별력 비교

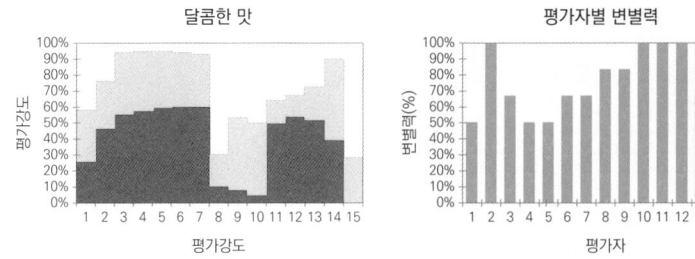

제품 성분, 관능 경험, 소비자 호감도의 결합

제품의 성분 정보, 속성에 대한 평가 자료와 제품에 대한 소비자들의 호감도 자료가 수집되면 부분최소자승회귀분석(PLS Regression)을 통해 자료를 통합한다. 부분최소자승회귀분석은 사례 수 대비 독립 변인의 수가 많고 종속변인 역시 복수인 경우 적용하는 회귀분석 방법이다.

예를 들어 20명의 평가자가 6개 제품, 10가지 속성을 평가하고 다양한 프로파일의 타겟 소비자가 6개 제품에 대한 호감도를 측정한다. 평가 속성을 독립 변인으로 설정하고 호감도를 종속변인으로 설정한 회귀 분석이다. [그림 10-5]의 유형 B와 같이 평가제품의 속성 평가와 소비자 프로파일별 이상점을 시각화할 수 있다. [그림 10-6 위]

그림 10-5 두 가지 유형의 부분 최소 자승 회귀(PLS Regression)

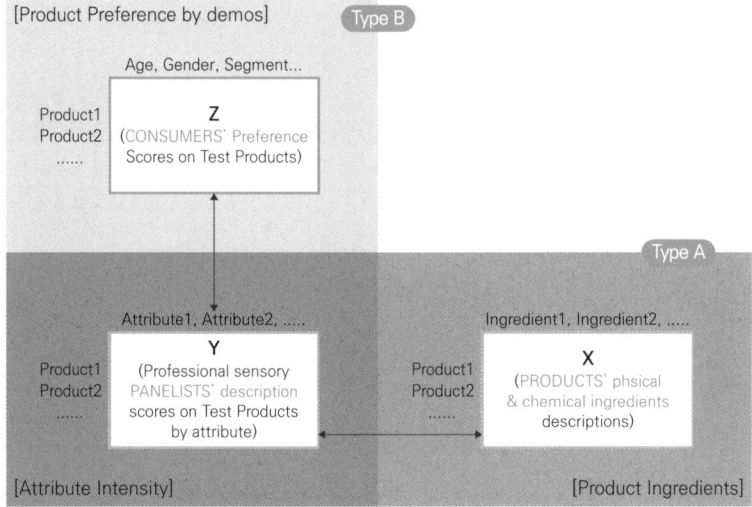

평가 제품의 성분을 독립 변인으로 설정하고 평가 제품의 관능 평가 자료를 종속변인으로 설정하여 회귀 분석을 하면 [그림 10-5]의 유형 A와 같이 관능 평가와 제품 성분 간의 관계를 시각적으로 구현할 수 있다. [그림 10-6 아래]

3원 3블럭 부분최소자승회귀분석(3 Way & 3 Block PLS Regression)을 통해 소비자 별 이상점, 평가 속성, 평가 성분 정보를 하나의 그래프로 통합할 수 있다.

그림 10-6 관능 경험과 소비자 프로파일의 시각화와 제품 성분과 관능 경험의 시각화

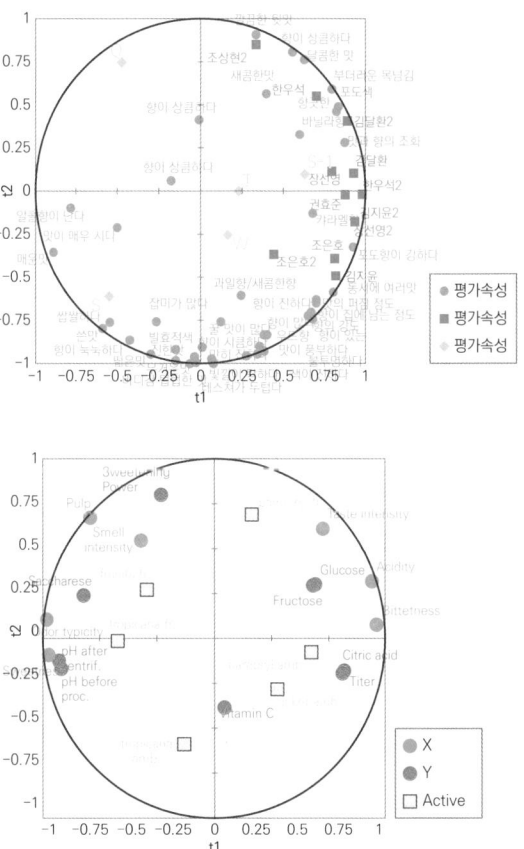

Sensory Test 결과 개선 포인트의 정량화

관능조사에서 전반적 호감도와 속성별 호감도를 각각 종속변인과 독립변인으로 두고 회귀분석을 하면 어떤 속성이 전반적 호감도에 상대적으로 더 큰 영향력을 행사하는지 알 수 있다. 제품의 평가

속성별 호감도 정보와 교차분석을 하여 개선의 우선 순위도 파악할 수 있다.

각 평가 속성별로 JAR(just-about-right) 척도를 사용하거나 이상점에 대한 질문을 하여 평가 속성 별 개선 방향에 대한 정보도 얻을 수 있다.

이상점 대비 평가 제품의 개선 방향에 더하여 개선 정도를 정량화하기 위해서는 속성별 제품 평가 척도를 연속변인으로 변환할 필요가 있는데 이 경우 선척도(line scale)를 사용한다.

그림 10-7 선 척도를 이용한 QIP (Quantifying Ideal Point) 결과

		원점수		표준화 점수	
평가자	평가 제품	맛이 시다	호감도	맛이 시다	호감도
1	W ◆	16	34	-1.62714	-1.66411
1	Q ◆	70	83	0.212976	0.254511
1	T ◆	96	87	1.098957	0.411133
1	S ◆	73	102	0.315205	0.998466
2	W ◆	70	25	0.849033	-0.82061
2	Q ◆	28	57	-0.80945	0.492366
2	T ◆	77	19	1.125463	-1.06679
2	S ◆	19	79	-1.16495	1.395037
3	W ◆	69	56	0.571105	-0.2254
3	Q ◆	82	49	1.189802	-0.99693
3	T ◆	26	54	-1.47535	0.44308
3	S ◆	51	73	-0.28555	1.661546
4	W ◆	31	82	-0.72566	0.97803
4	Q ◆	68	37	1.006554	-0.97803
4	T ◆	67	36	0.959737	-1.0215
4	S ◆	20	83	-1.24064	1.021498
5	W ◆	78	80	0.554184	0.417598
5	Q ◆	16	17	1.46696	-1.64583
5	T ◆	98	99	1.206166	1.039901
5	S ◆	52	73	-0.29339	0.188329
6	W ◆	78	85	0.775712	0.720987
6	Q ◆	94	13	1.196437	-1.72189
6	T ◆	15	76	-0.88089	0.415628
6	S ◆	7	81	-1.09126	0.585271

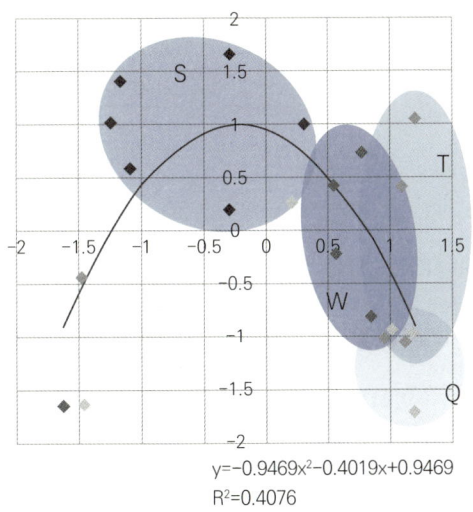
$y = -0.9469x^2 - 0.4019x + 0.9469$
$R^2 = 0.4076$

모든 평가자의 속성별 제품 평가 자료와 호감도 자료와의 관계를 2차 곡선으로 표현하고 해당 속성에 대한 제품의 평가 및 호감도를 적합(fitting)시키면 각 제품의 개선 정도를 평가 제품 간의 속성 평가 강도 비율로 변환할 수 있다.

Sens'Visor®: 소비자 중심의 Sensory Test(관능 조사) 모듈

소비자 중심의 관능조사를 위해 한국리서치가 개발한 Sens'Visor®는 평가 속성의 개발에서부터 평가 패널들의 선정 및 제품의 개선을 위해 구현 가능한 산출물의 도출하기 위한 체계적인 분석 단계를 모두 포함한다.

Sens'Visor®는 6 단계로 구성된다.

첫 번째는 GPA를 이용한 소비자 언어로 구성한 최적 평가 속성 도출 단계이다.

두 번째는 제품 개선에 필수적인 속성을 발굴하는 단계이다. 이 단계에서는 페널티 분석을 통해 도출된 평가 속성을 반드시 있어야 하는 것, 반드시 없어야 하는 것, 있으면 좋은 것, 있든 없든 상관 없는 것의 4 가지 유형으로 구분한다.

세 번째 단계는 SPA를 이용하여 패널을 선정하는 단계이며 이 단계를 거치면 관능조사의 평가틀이 최적화된다.

그림 10-8 Sens'Visor®의 소비자 중심 관능조사 6단계

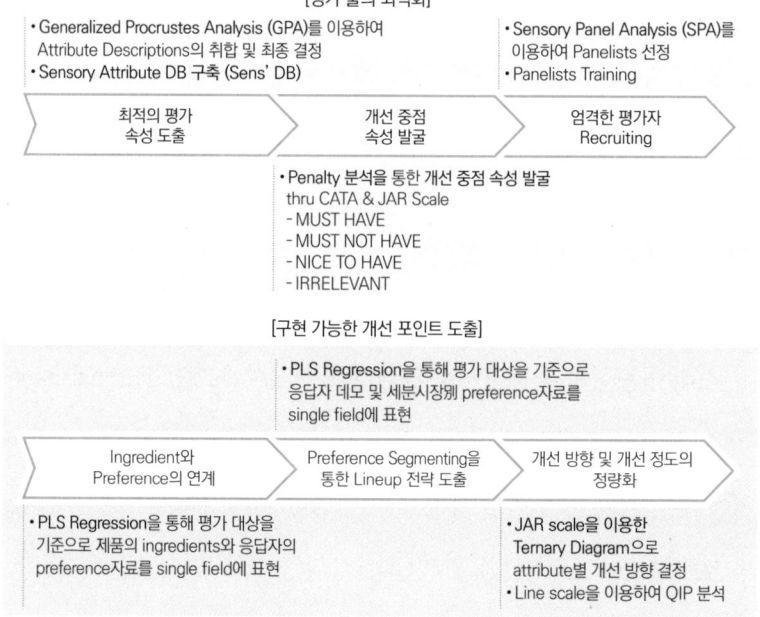

그림 10-9 Sensory Test 결과 개선 포인트 정량화 7단계

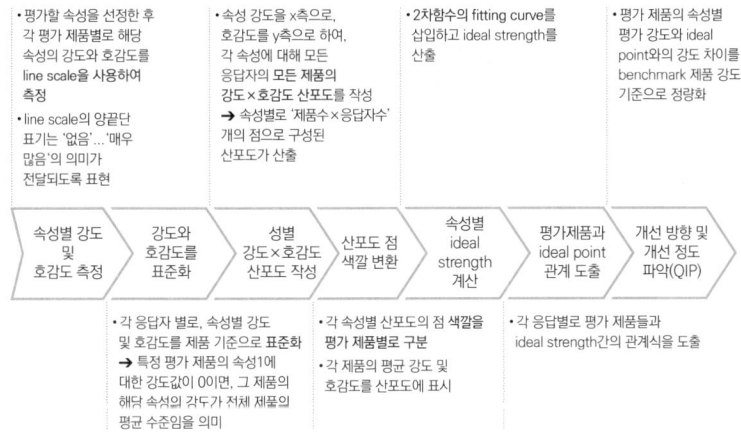

그 다음 단계의 목적은 제품 개선 포인트를 도출한 실제 제품의 개선에 적용할 수 있도록 정량화하는 것이다.

4단계와 5단계에서는 SPA를 통해 선정된 전문 패널을 대상으로 다양한 성분으로 구성된 평가 제품에 대해 이전 단계를 통해 도출된 관능 속성의 강도와 매칭하는 작업을 한다. 동시에 일반 소비자를 대상으로 평가 제품에 대한 호감도를 측정한다.

수집된 제품 성분, 관능 경험, 소비자 프로파일별 호감도 자료를 부분 최소 자승 회귀를 이용하여 하나의 공간에 같이 표현함으로써 소비자의 호감도 증대를 위해 어떤 성분을 변경해야 하는지 파악한다.

마지막 6 단계에서는 도출된 개선 속성 및 조정해야 할 성분을 QIP(Quantifying Ideal Point)를 통해 정량화하는 작업을 진행한다.

한국리서치가 개발한 Sens'Visor®는 소비자 관점에서 관능조사를 체계적으로 진행하여 소비자 호감도에 영향을 주는 속성을 발굴하고 개선 방향을 제시하는 평가 모듈이다.

Sens'Visor®를 활용한 소비자 중심의 관능조사(Sensory Test)는 평가 속성의 개발에서 제품의 개선 포인트 도출까지 6 단계이다. 조사 목적 및 제품 상황에 따라 일부 모듈만 선별하여 진행할 수도 있다.

PART 5
가상현실(VR)로 소비자가 선호하는 디자인을 평가한다

11 research note

가상현실(VR)과 뉴로사이언스를 활용한 자동차 디자인 평가*

김기홍 한국리서치 크리에이티브 조사본부

가상현실 자동차 클리닉(VR Car Clinic)

자동차 클리닉은 자동차 개발 단계에서 디자인 및 시장성을 평가하기 위해 실물과 같은 프로토타입을 경쟁 모델과 나란히 전시하여 비교 평가를 하는 조사방법이다. 자동차 클리닉은 실제 매장과 같은 넓은 공간에서 이루어져야 하므로 비용이 소요되고 보안이 필요하다.

한국리서치는 가상현실(virtual reality)과 뉴로사이언스 기술을 이용하여 자동차 디자인 평가를 하는 VR 자동차 클리닉 조사와 7점 척도 설문에 의한 평가 방식을 비교하였다.

VR 자동차 클리닉은 실제 차량 크기의 3D 입체 영상으로 실물

---

* '가상현실(VR)과 Neuroscience를 이용한 자동차 디자인 평가'는 '소비자의 변화와 마케팅의 미래'를 주제로 하는 한국리서치 창립 40주년 기념 고객 세미나(2018. 10.25)에서 발표한 내용입니다.

을 보는 듯한 환경을 제공하여 조사비용과 보안리스크를 줄이고 효율적으로 조사를 진행할 수 있다. VR 자동차 클리닉에 Eye tracking 과 뇌파(EEG: Electroencephalogram) 기술을 접목하면 많은 인사이트를 도출할 수 있다.

VR Car Clinic 진행 방법

본 조사에서는 3개 스포츠 쿠페 모델을 조사 대상 차종으로 선정하고 3차원 입체 영상(VRED용) 이미지에서 엠블렘을 가리고 동일 색상으로 편집하여 평가를 진행하였다.

그림 11-1 VR 테스트 자동차 모델

조사대상자는 차량 선택에서 디자인을 중시하는 중형급이상 수입차 및 준대형급 국산차 보유자로 쿠페 스타일 차량 구매를 고려하는 소비자 30명을 선정하였다.

평가를 위해서는 응답자의 움직임을 감지할 수 있는 최소 가로 4m, 세로 3m의 이상의 공간이 필요하다. 차량을 원거리에서 한 눈에 감상하기 위해서 가로 10m, 세로 10m까지 인식범위를 확장할 경우 보다 자연스러운 환경에서 정확한 평가가 가능하다.

조사 결과

소비자가 주목하는 자동차 디자인 아이템

소비자가 차량 당 5분씩 관찰하면서 디자인 아이템별로 1초 이상 시선이 머물렀던 시간의 비중을 분석하면 다음과 같은 결과가 도출된다.

전면은 후드, 라디에이터 그릴, 헤드램프의 주목도가 높고 측면은 루프라인, 측면윈도우, 휠에 대한 주목도가 높은 반면 후면은 트렁크리드와 램프에 대한 주목도가 높다. 영역별로 관찰 시간을 보면 측면의 관찰시간이 가장 높고 그 다음이 전면, 후면의 순이다. 디자인 요소가 간결할수록 관찰 시간이 짧고 복잡할수록 관찰시간이 길다.

뇌파측정을 통하여 나타난 디자인 선호도

뇌파를 통해서 측정한 선호도 값은 0에서 1사이의 값이다. 0.5는 중립을 의미하며 0.5보다 클수록 선호도가 높다. 선호도에 대한 변별력을 판단할 수 있는 기준은 선호도 값이 0.6이상이다. 본 연구에서는 0.6이상 선호도를 나타내는 응답자 비중으로 선호도를 비교하였다.

그림 11-2 디자인 선호도 뇌파 측정 결과

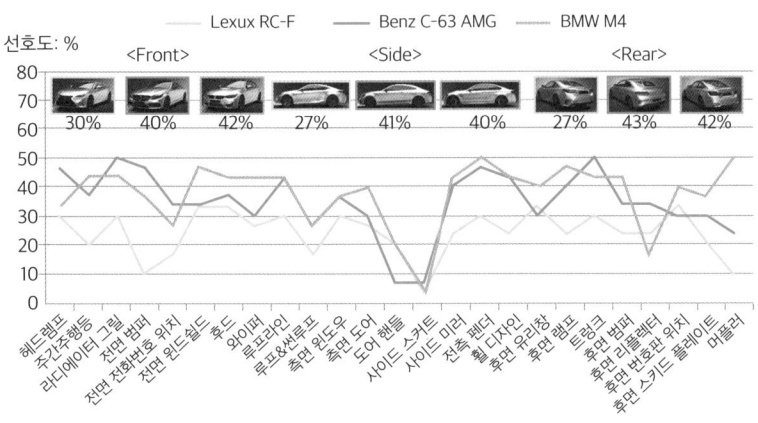

측정 결과 아이템 전반에 걸쳐서 Benz C-63 AMG와 BMW M4의 선호도가 비슷하고 Lexux RC-F의 선호도가 낮다. 7점 척도와 비교하면 어떤 차이가 있나? 라디에이터 그릴 평가 수치를 비교하면 다음과 같다.

표 11-1 라디에이터 그릴 평가 비교

Lexus RC-F		Benz C63 AMG		BMW M4	
7점 척도 기준	뇌파 기준	7점 척도 기준	뇌파 기준	7점 척도 기준	뇌파 기준
33%	30%	43%	50%	33%	43%

7점 척도 평가 (top2% 값)에서는 3개 차종 간 변별력이 없다. 그러나 뇌파측정 결과는 차종간 선호도에 확실한 차이가 있다. 7점 척

도 평가에서는 점수 기준이 개인마다 다를 수 있어서 변별력이 나타나지 않을 수가 있으나 생체정보에 기반한 뇌파 선호도는 정밀한 결과를 도출할 수 있다. [그림 11-3]은 디자인 요소별 주목도를 비교한 것이다.

그림 11-3 뇌파측정과 7점척도 평가 비교

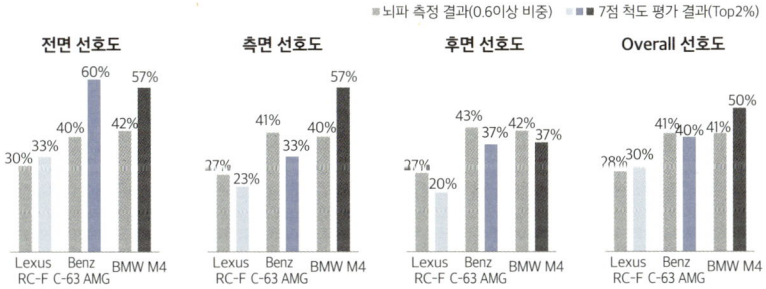

[그림 11-2]에서 선호도 경향은 동일하다. 특히 전반적 선호도는 거의 비슷하다. 뇌파 데이터와 7점 척도 평가 간 상관계수는 0.68이다. 뇌파 측정 방법은 7점 척도 평가의 대안으로 검토할 수 있고 기존 방법과 병행하면 더 유용하고 신뢰할 수 있는 데이터와 인사이트를 도출할 수 있다.

그림 11-4 뇌파 data와 척도 data의 상관관계

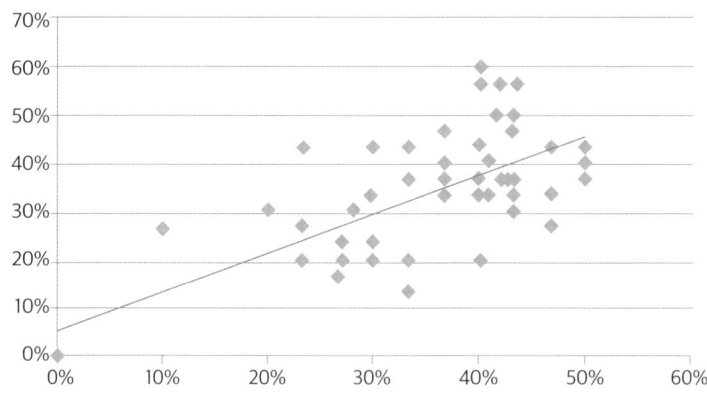

맺음말

VR 자동차 클리닉은 장점이 많다.

- 차량 조달, 운송비용, 장소 세팅 등의 비용을 절감한다.
- 넓은 공간이 필요하지 않으므로 공간적 제약이 적다.
- 설문 시간이 단축된다.
- 테스트용 모델이 노출될 위험이 없다.
- 파일관리가 용이하여 보안 리스크가 줄어든다.

VR 자동차 클리닉 진행은 다음과 같은 점들을 고려해야 한다.

- 비주얼 영상의 색감과 재질감이 실물과 동일해야 한다.
- 응답자 움직임 감지 공간을 10m X 10m로 확보 한다.

- 응답자가 VR기기 착용시 피로감을 느끼지 않아야 한다.
- 캐릭터 라인, 실루엣 등 복합적인 디자인 요소는 적합한 평가방식을 고안한다.

가상현실과 뇌파를 이용한 자동차 클리닉 조사는 활용 가능성이 높다.

첫째, 기술 발전으로 생체 정보의 분석 정확도가 높아지고 있다. 설문에 의한 평가 방식은 상황에 따른 응답 오류의 가능성이 있다. 척도의 기준도 사람마다 다를 수 있기 때문에 뇌파측정이 더 정확한 결과를 도출할 수 있디

둘째, 조사의 융통성이 가능하다. 영상 이미지의 수정만으로 색상 및 부분 디자인 변경이 가능하다. 여러 가지 타입의 모델 평가가 가능하므로 시간, 공간, 비용 절감이 가능하다.

셋째, 응답자의 몰입도가 높다. 소비자는 새로운 기술에 더 몰입한다. 비주얼 이미지의 해상도가 높아지면 몰입도가 높아지고 정확한 데이터를 얻을 수 있다.

넷째, 새로운 테이터를 얻을 수 있다. 디자인에 대한 노출 순서에 따른 연속적인 선호도 변화 분석이 가능하다.

가상현실과 뇌파를 이용한 조사는 자동차 클리닉 뿐만 아니라 다른 카테고리의 디자인 평가에도 활용될 것이다.

VR을 이용한 자동차 클리닉 조사의 6가지 프로토콜

12 research note

김수민 한국리서치 크리에이티브 조사 사업부

자동차 모델에 대한 소비자 선호도를 측정하는 자동차 클리닉(car clinic) 조사에서 외관은 Resin 소재로 만든 실물 크기의 모형을 사용하고 실내는 2D 이미지를 사용하는 것이 일반적이다.

그러나 Resin 모형 제작은 비용과 시간이 많이 소요된다. 해외에서 조사를 진행하려면 모형의 운송과 설치에 소요되는 추가 비용도 부담이다. 2D로 구성한 인테리어 이미지는 현실감이 부족하다는 단점도 있다.

가상현실(VR) 기술을 활용한 자동차 클리닉은 소비자가 실감할 수 있는 기술을 활용하여 시제품을 평가하는 경제적이고 효과적인 조사방법이다. 그러나 VR을 활용한 조사는 새로운 방법이어서 효과적으로 진행하려면 여러 단계의 프로토콜이 필요하다.

여기서는 VR을 활용한 조사에서 실무적으로 고려해야 할 프로토콜을 소개한다. 본 사례에서 VR 프로그램은 자동차 VR 영상 제작과 운용에 특화된 Autodesk의 VRED 프로그램이고 사용 장비는 HTC의 VIVE 제품이다.

VR 관련 프로그램 버전 맞추기

VR을 기반으로 한 자동차 클리닉에서 가장 많이 활용하는 프로그램은 VRED Professional, Steam, Stream VR 3 가지이다.

어떤 프로그램을 선택하더라도 업그레이드된 최신버전이 바람직하지만 평가하고자 하는 VR 영상이 어떤 프로그램의 버전에 최적화하여 만들었는지를 확인해야 한다.

VR 영상 컨텐츠가 2019년 버전에 최적화되었다면 VRED도 2019년 버전으로 운용해야 VR 영상을 실행할 때 문제가 생기지 않는다.

그림 12-1 VRED 2020 버전의 Screenshot

윈도우 프로그램 및 VR 프로그램 언어 설정

VR을 활용한 조사를 진행할 때 윈도우 프로그램과 VR 프로그램의 언어를 동일하게 설정하여야 한다. 영어권이 아닌 국가에서 VR 조사를 진행할 때 윈도우 프로그램과 VR 프로그램의 언어는 모두 영어로 설정한다.

VR 조사에서 연구원과 고객사의 디자인 담당자가 프로그램을 운용하고 조정할 경우 국가별 언어설정이 다르면 문제가 발생한다. 다양한 오류 메시지를 이해하는 데에도 시간이 소요되므로 언어 설정은 현지 소사팀에 확인해서 반드시 영어로 설정힌다.

자동차 실내 인테리어 평가를 위한 시나리오 구체화

자동차 외관 평가는 응답자가 고정된 자리에 서있거나 앉아있는 자세에서 조사 진행자가 다양한 각도에서 차량의 외관을 보여 주고 질의 응답 방식으로 진행한다.

실내 인테리어의 경우 응답자가 실제로 공간감을 느끼고 사용자 경험을 평가하기 위해서 운전석, 조수석, 뒷좌석 등을 이동한다. 응답자는 VR 평가 구역 내 다양한 지점을 이동해야 하기 때문에 연구자는 응답자 동선과 평가 항목을 고려하여 구체적인 평가 시나리오를 작성한다.

최초 승차 위치 → 착석 후 봐야 하는 부분 → 이동해야 하는 위치 → 이동 후 봐야 하는 부분 등의 순서를 사전에 작성한다. 응답자가 정확한 위치로 이동하도록 테이프를 붙여 표기해 놓으면 편리하다.

응답자 이동 동선의 시나리오는 자동차 인테리어뿐만 아니라 매장 경험 조사, 신규 주택이나 아파트의 실내 인테리어 평가 등 이동이 필요한 조사에서는 반드시 필요하다.

VR 활용 조사 진행 시 진행요원의 역할

VR을 이용한 조사를 진행할 때 응답자는 HMD를 착용하여 설문지를 볼 수가 없다. 따라서 연구자가 VR 화면을 조작하면서 응답자에게 설문을 읽어주고 응답을 받는다.

응답자 이동이 필요한 평가에서는 응답자가 시각적 위치감각을 사용할 수 없으므로 응답자 위치 이동을 위해 전담 진행요원의 도움이 반드시 필요하다. VR에 사용되는 HMD 및 컨트롤러는 유선으로 연결하는 방식이다. 응답자가 이동할 때 연결선에 걸릴 수도 있기 때문에 진행요원의 도움으로 응답자 안전을 확보한다.

그림 12-2 VR을 이용한 조사 진행 illustration

최근에는 연구자가 설문을 읽어 주는 대신 응답자가 컨트롤러를 사용하여 HMD 화면에서 직접 설문을 하는 방식이 검토되고 있다. 미래에는 무선 VR 기기도 개발될 것으로 예상된다. 아직은 응답자가 이동을 해야 하는 상황에서 응답자 안전과 정확한 평가를 위해 진행요원의 도움이 반드시 필요하다.

베이스 스테이션의 간섭 효과 방지

베이스 스테이션은 VR 화면을 볼 수 있는 공간과 위치를 구성한다. HMD와 컨트롤러를 페어링(pairing)하여 응답자 위치를 추적하고 컨트롤러로 VR 영상을 조작할 수 있게 도와준다.

베이스 스테이션에서 나오는 빔(beam)의 투사 거리가 길면 다른 부쓰(booth)에 있는 HMD 및 컨트롤러와 페어링하여 오작동을 일으킨다. 부쓰 간 거리가 7m 이상이고 그 사이에 벽이 있는 경우에도 간섭이 발생한다. 부쓰 간 거리가 아주 멀리 떨어져 있지 않다면 베이스 스테이션의 투사 방향을 서로 대각선 방향으로 설치하여 간섭을 최소화한다.

그림 12-3 2개의 베이스 스테이션을 대각선 방향으로 배치한 사례

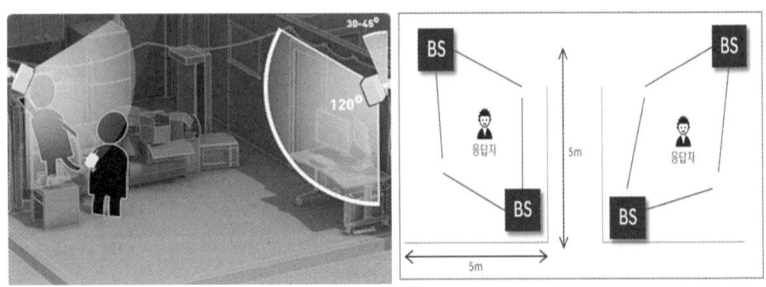

보안을 위한 로그인 패스워드의 변경

마지막으로 중요한 것은 VR 영상의 보안이다. 영상 자료의 외부 유출을 방지하기 위해서 고객 확인 후에 보안 스티커로 하드 디스크, I/O 포트와 컴퓨터 본체를 봉인한다.

USB를 통한 다운로드나 이동은 불가능하다고 해도 외부자가 몰래 눈으로 직접 보거나 해당 컴퓨터에서 이메일로 자료를 이동시킬 가능성도 있다. 따라서 PC 파일에 접근을 못하도록 로그인 단계에서 연구원 및 고객사만 알 수 있는 비밀번호로 변경하는 것이 중요

하다. VR 조사 완료 후 내장된 SSD는 모두 수거한다.

보안절차는 보안이 필요한 조사 도구를 사용하는 모든 프로젝트에 적용된다. VR 조사는 설치 및 조사 마무리 과정이 복잡하고 길기 때문에 특별히 주의해야 한다.

맺음말

VR을 활용한 자동차 클리닉 조사는 응답자가 실제 상황에 가깝게 체감하고 응답하는 효과적이고 경제적인 조사방법이다. 새로운 기술을 적용하여 진행하는 조사 방법이므로 프로그램 설정, 조사 시나리오 구성, VR 장비와 베이스 스테이션 설치, 진행요원 역할, 영상자료 보안 등 필요한 프로토콜을 준비하고 실행한다.

PART 6
소비자 선택 요소를 최적화한다

소비자 선택을 최적화하는 상품과 서비스의 속성 : 컨조인트 분석을 활용한 소비자 선택의 정량적 탐색

13 research note

조은호 한국리서치 마케팅조사 사업2본부

    소비자가 상품이나 서비스를 선택할 때 어떤 기준이 중요할까? 소비자 눈높이에 최적화된 상품을 개발하려면 어떤 요소를 고려해야 하나? 이것은 마케터와 상품개발팀의 가장 어려운 과제이다.

    문제는 소비자가 상품을 선택할 때 한 가지 속성이 아니라 여러 속성(예, 브랜드, 색상, 용량, 가격 등)을 동시에 고려한다는 점이다. 따라서 소비자 선택에서 어느 속성이 얼마나 중요한지를 정확하게 파악하는 것이 성공적인 상품개발에서 가장 중요하다.

    컨조인트 분석은 소비자가 상품을 선택할 때 어떤 속성을 중요하게 생각하는지 속성값 중에 어떤 수준을 더 좋아하는지를 정량적으로 측정하는 분석 기법이다. 컨조인트 분석은 소비자가 선택한 상품의 선호 순위나 선호 점수 또는 선호 선택을 통해 속성의 효용가치(utility)를 추정하는 기법이다.

컨조인트 분석은 소비자가 선호하는 속성의 중요도를 개별적으로 측정하는 방법의 한계를 극복하고 실제 소비자 선택상황을 반영한다. 컨조인트 분석의 명칭도 '함께 묶어서 고려하고 선택한다'(Consider + Jointly = Conjoint)는 의미이다.

그림 13-1 Conjoint 분석의 개념

Conjoint: "Consider Jointly"
소비자는 상품의 여러 가지 면을 고려하여 선택한다는 사실에서 시작한 것임.
"상품 구매"는 선택이다. Monadic한 경우는 거의 없다

Conjoint: "Consider Jointly What?"
상품 선택 시 고려하는 여러 가지 측면 = 속성(Attributes)
현재 시장에서 각 속성이 가지는 변화의 종류 = 수준(Levels)

Conjoint: "Choose What?"
제품을 구성하고 있는 속성 수준의 효용값이 큰 제품을 선택할 것
제품에 대한 전체적인 선호도 =　제1속성이 가진 수준에 대한 부분가치
　　　　　　　　　　　　　+ 제2속성이 가진 수준에 대한 부분가치
　　　　　　　　　　　　　+ 제3속성이 가진 수준에 대한 부분가치
　　　　　　　　　　　　　+ ……

상품을 선택한 소비자에게 어떤 속성을 가장 중요하게 고려하는지를 직접 물어 보면 답하기 어려운 경우가 많다. 소비자가 중요하게 고려하지 않는다고 하면서도 실제 선택에 영향력이 매우 큰 경우도 있고 그 반대의 경우도 있다.

소비자 선택에 영향을 주는 상품의 속성을 파악하더라도 그 속성의 중요도를 측정하는 것은 쉽지 않다. 컨조인트 분석은 소비자 행위(선택 과업이든 선호 점수이든)를 통해서 상품의 속성에 소비자가 부여하는 효용가치를 추정하고 각각의 속성이 가진 중요도를 측정한다.

컨조인트 분석의 세 가지 목적

컨조인트 분석은 세 가지 목적을 가지고 수행한다.

첫째, 소비자가 상품을 선택할 때 가장 영향을 주는 속성의 중요도와 효용값을 측정한다.

둘째, 속성 별 중요도와 효용값에 따라 시장을 세분화하고 세분 시장별 고객 특성 파악을 통해 신제품 아이디어를 도출한다.

셋째, 세분 시장별로 기존제품과 신제품을 가상적으로 투입한 '선택 과업(choice simulation)'으로 시장 점유율을 예측하고 성공 가능성이 높은 제품을 결정한다.

컨조인트 분석의 절차

컨조인트 분석의 절차는 다음과 같다.

- 첫 번째 단계에서는 제품의 속성과 수준을 결정한다.
- 컨조인트 분석 종류를 선택하여 제품 프로파일을 설계한다.
- 조사 설계에 따라 자료를 수집한다.
- 수집된 자료로 속성 별로 부분효용가치(utility)를 추정한다.
- 추정된 Utility 값을 바탕으로 분석하고 결과를 해석한다.

그림 13-2 컨조인트 분석의 절차

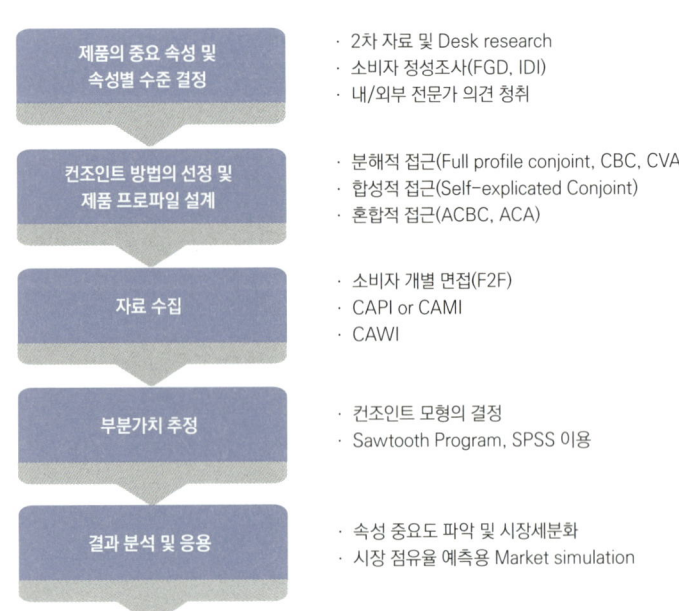

제품 속성 및 속성별 수준의 결정

컨조인트 설계의 첫 단계는 소비자가 상품을 선택할 때 중요시하는 속성을 파악하는 것이다. 제품 속성은 연구자나 전문가의 의견을 반영하거나 2차 자료를 통해 정한다. 소비자를 대상으로 집단심층면접(FGD)이나 심층면접(IDI)을 실시하여 구성하기도 한다.

제품 속성을 정할 때 소비자가 선택 상황에서 고려할 수 있는 속성을 포함한다. 휴대폰을 선택하는 과업에서 화면 크기나 카메라와 같은 속성은 반드시 필요하다. 제품의 속성에는 마케팅 활동과 관련된 속성(예, 브랜드 이미지)이니 소비지기 알 수 없는 정보(예, 유통 커버리지)는 포함하지 않는다.

제품 속성이 결정되면 속성별 수준을 정한다. 속성 내 수준의 범위는 실제 시장에서 경쟁하는 제품의 속성 수준과 비슷해야 한다. 속성 내 수준을 몇 단계로 나누어야 하는지도 중요한 고려 대상이다.

컨조인트 분석 방법의 선정 및 제품 프로파일 설계

컨조인트 분석에는 여러 방식이 있다.
- 전통적인 컨조인트 방식(Full Profile Conjoint): 제품 간 선호도 순위나 점수를 기반으로 하는 분석

- CBC(Choice Based Conjoint): 소비자가 주어진 제품들 간에 어떤 선택을 하느냐는 행동적 접근을 통한 분석
- Self-explicated Conjoint: 소비자가 속성의 중요도를 결정하는 합성적 방법
- ACBC(Adaptive CBC): 속성 중요도의 소비자 자기결정(Self-explicated Conjoint)과 선택과업(CBC)을 혼합한 방법

컨조인트 분석의 핵심은 Output 보다는 Input에 있다. 응답자가 실제 제품을 선택하는 상황에 가깝게 설계하면 어떤 방법을 선택하든 정확한 결과값을 보여준다.

소비자 관여도가 높은 제품(예, 자동차나 가전)은 어떤 방식의 컨조인트를 사용하여도 정확한 결과값을 도출한다. 관여도가 떨어지는 제품은 너무 많은 자극(속성과 수준)이 주어지면 소비자는 선택 장애에 빠지게 되고 그런 상태에서 도출된 결과값은 정확도가 낮다.

최근에 개발된 ACBC는 소비자 선택 과정을 자연스럽게 구현하여 가장 발전된 컨조인트 방법이다. ACBC는 5개 이상의 속성으로 구성된 경우에 적합하다. <브랜드+패키지+가격>과 같이 적은 수의 속성으로 구성되는 FMCG 상품의 분석에는 기존의 CBC방식이 더 적합하다.

컨조인트 분석을 위한 자료 수집

컨조인트 분석을 위한 자료는 소비자 개별면접, CAPI, CAWI 등의 방법을 활용하여 수집한다.

자료수집에서 중요한 포인트는 응답자에게 제품의 속성과 각 속성의 수준을 설명하여 선택하고자 하는 제품의 특성을 머리에 떠올리게 하는 것이다. 응답자가 컨조인트 조사 방식에 익숙하도록 사전에 가상적인 선호도 평가나 선택 과업을 하는 것도 좋다.

컨조인트 분석 및 결과의 활용

컨조인트 분석의 세 번째 단계는 효용값(utiltity)을 추정하는 단계이다. 속성 별로 효용값을 추정하기 위해서는 적합한 모형을 선택한다.

속성의 수준이 계량적일 때는 벡터나 이상점 모형을 사용하고 속성의 수준이 명목적인 경우는 부분가치 모형이 적합하다.

Simulation

컨조인트 분석의 목적 중 하나는 매출, 이윤을 극대화하는 적정 상품의 구성을 확인하는 것이다. [그림 13-3]은 치킨 메뉴 선택에서 소비자가 가장 선호하는 메뉴와 그러한 메뉴가 선택될 가능성으로 추정한 시장 점유율(market share)의 예상치이다.

그림 13-3 최적 상품의 구성 방안

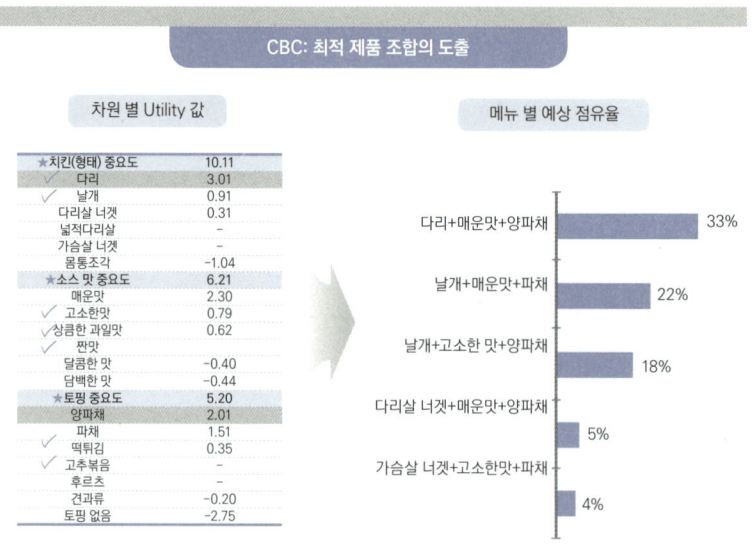

Segmentation

컨조인트 분석을 통해 개발 상품의 타겟을 설정할 수도 있다. [그림 13-4]는 유기농 재료를 선호하는 소비자를 알기 위해 연령별, 주 구입 브랜드별로 중요도 차이를 비교한 결과이다. 인구학적 특성 이외에도 생애주기나 세그먼트별로 제품의 예상 타겟을 파악할 수 있다.

그림 13-4 중요도 차이를 감안한 타겟 Segmentation

Sensitivity

컨조인트 분석으로 신제품 출시 가격에 따른 예상 점유율 변화를 시뮬레이션 할 수 있다. [그림 13-5]는 현재 경쟁상황에서 자사 제품의 가격을 변화시켰을 때 소비자 선택의 변화를 감지하는 가격민감도 분석 사례이다. 소비자 반응은 크거나 적게 나타날 수도 있으므로 외생변수(인지도나 유통 점유율, 실제 시장 점유율)를 고려한 가중값을 부여할 수도 있다.

그림 13-5 가격 민감도 분석

출시 가격 변화에 따른 시장점유율 변화 Simulation

- 제품속성 변화(특히 가격 변화)에 따른 다양한 시나리오를 구축하고,
  - 브랜드 별 점유율 변화 예측
  - Segment별 브랜드 점유율 변화 예측

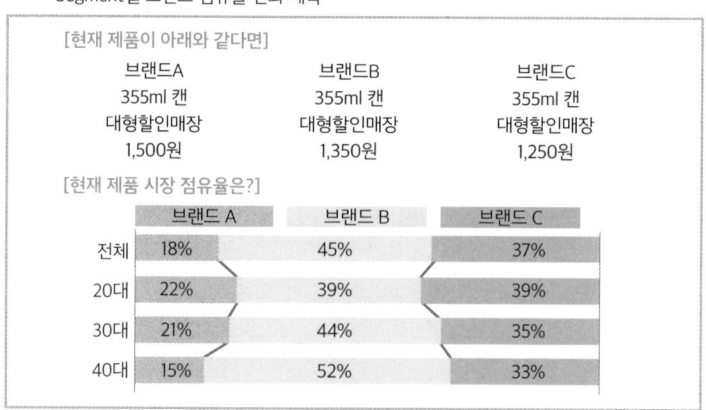

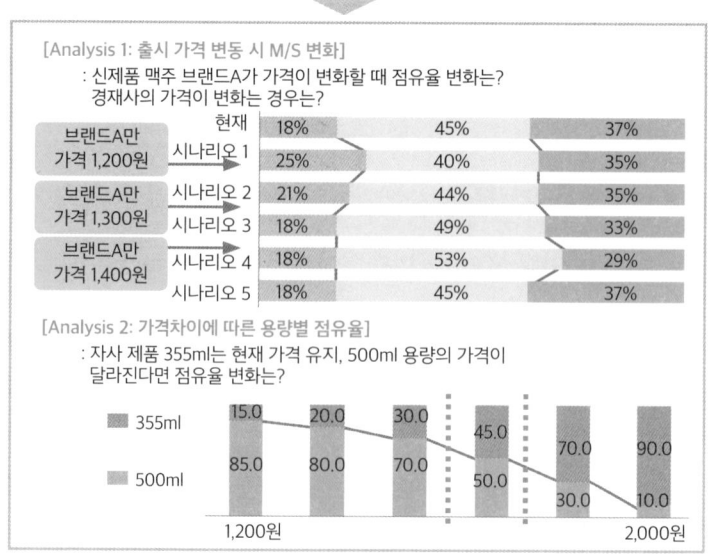

맺음말

컨조인트 분석은 신제품 컨셉 평가, 시장점유율 예측, 제품 포지셔닝, 최적 가격설정, 시장 세분화 등 여러 분야에 활용이 가능하다.

컨조인트는 신제품을 출시할 때 최적의 제품 구성을 어떻게 할 것인가, 우리 제품이 얼마나 선택될 것인가를 파악하여 시행착오를 줄이고 시간과 비용을 절감하는 효율적인 방법이다.

ACBC 컨조인트 분석을 활용한 소비자 선택 요소의 최적화

14 research note

이주옥 한국리서치 마케팅조사 사업7부

컨조인트 분석: 소비자 선택 요소를 최적화하는 방법

소비자는 원하는 제품을 되도록 저렴한 가격에 구매하려 하고 기업은 제조원가를 낮추면서도 타 브랜드보다 더 우월한 가치를 제공하는 경쟁력있는 제품을 만들고자 한다. 어떻게 하면 소비자가 원하는 요소와 가격을 최적으로 조합한 상품으로 최대의 매출과 이윤을 달성할 수 있나? 이것은 브랜드 매니저와 상품개발팀에게 중요한 과제이다.

컨조인트 분석은 소비자가 선호하는 속성을 최적화할 수 있는 조합을 탐색하여 시장 경쟁력이 있는 제품개발의 방향을 제시한다. 컨조인트 분석은 개발하고자 하는 제품의 속성을 조합하여 각각의 조합에 대한 선호를 측정하는 선택형 컨조인트(CBC, Choice-Based Conjoint)와 소비자가 이상적으로 선호하는 속성을 출발점으로 소비자 선호에 가장 최적화된 속성의 조합을 탐색하는 적응형(adaptive) 방식의 컨조인트(ACBC, Adaptive Choice-Based Conjoint) 두 가지가 있다.

컨조인트 분석의 기본 원리

소비자가 자동차를 구입할 때 '연비'(fuel efficiency)를 얼마나 중요하게 고려하는지를 조사한다면 "자동차를 구입할 때 연비를 얼마나 중요하게 고려하나요?"라는 질문을 단일(monadic) 척도로 제시하여 자동차 구매에서 연비의 중요도를 측정할 수 있다.

그러나 자동차 '연비'와 '마력'(horsepower)의 중요도를 각각 단일 척도로 질문하는 경우 소비자가 모두 중요하다고 응답한다면 변별력을 찾기 어렵다.

컨조인트 분석은 단일 척도 대신 비교하고자 하는 속성의 조합으로 구성된 선택을 제시하고 응답자가 그 중 하나를 선택하면 소비자가 어떤 요소를 '상대적으로' 더 중시하는지를 측정한다.

제품을 구매하는 과정에서 중요하게 고려하는 속성의 수가 많은 경우 혹은 속성별로 선택할 수 있는 옵션의 수준이 많은 경우 컨조인트 분석은 다양한 속성의 수준을 조합한 선택을 반복적으로 제시하여 각각의 조합에 대한 소비자 선호도를 측정한다.

그림 14-1 Monadic 척도와 Conjoint 분석의 질문방식 차이

1. Monadic 척도를 사용하여 직접 질문하는 방법

"귀하께서는 새 자동차를 구입하실 때 연비를 얼마나 중요하게 고려하시나요?"

전혀 중요하지 않다	별로 중요하지 않다	보통이다	중요하다	매우 중요하다
1	2	3	4	5

2. 컨조인트 분석을 활용하는 방법

"다음 중 어떤 자동차를 더 구입하고 싶으신가요?"

210 마력
17 MPG
(13.8리터/100km)

or

140 마력
28 MPG
(8.4리터/100km)

컨조인트 분석의 속성(attributes)과 수준(level)을 정하는 방법

컨조인트 조사 방법을 적용하기 위해서는 제품, 서비스, 공약, 복지 패키지 등 제품의 특성을 소비자가 고려할 만한 속성으로 구분하고 각각의 속성별로 비교할 만한 수준을 규정한다. 이 과정은 소비자가 제품을 구입할 때 브랜드, 디자인, 가격, 기능 등 주요하게 고려하는 속성(attribute)과 그 속성 안에 포함되는 수준(level)으로 제품 선택의 과정을 구조화하는 작업이다.

자동차의 옵션을 속성과 수준으로 구성할 때 <Multi-level Attribute>와 같이 하나의 속성 안에 가능한 옵션의 조합을 구성할 수도 있다. <Binary Attribute>과 같이 선루프, GPS 시스템, DVD

Player의 속성으로 분해하여 "있음/없음"의 양자 선택(binary)으로 구성할 수도 있다.

이 경우 선루프, GPS 시스템, DVD Player 각각의 선택 과정에서 중요도를 산출할 때에는 <Binary Attribute> 방식을 채택하는 것이 타당하다. 반면 현실적으로 불가능한 조합은 제거하고 각 수준 간의 상호 작용 효과를 줄이려면 <Multi-level Attribute>의 방법을 적용한다.

표 14-1 속성(attributes)과 수준(level)을 정하는 두 가지 방법

8-level Attribute:	3 Binary Attributes:
Features:	Sunroof:
⟨None: Blank Level⟩	⟨None: Blank Level⟩
Sunroof	Sunroof
GPS System	
DVD Player	GPS System:
Sunroof, GPS System	⟨None: Blank Level⟩
Sunroof, DVD Player	GPS System
GPS System, DVD Player	
Sunroof, Gps System, DVD Player	DVD Player:
	⟨None: Blank Level⟩
	DVD Player

스마트 TV 제품에 대한 컨조인트 분석을 한다면 브랜드, 화면 크기, 화면 두께, 디스플레이 해상도, 스마트 TV 기능, 고성능 사운드, 가격 등의 요소를 중요한 속성으로 설정한다. 각각의 속성별로 선택 가능한 옵션의 수준을 지정하여 속성별 옵션의 수준을 조합한 경우의 수에 대한 선호도를 측정한다.

CBC 분석 결과 Market Simulator의 활용

컨조인트 조사의 장점은 속성별 수준의 조합으로 구성된 제품에 대하여 소비자가 어느 정도의 선호도(share of preference, SOP)를 보일지, 경쟁 대비 자사 브랜드의 경쟁력은 어느 정도인지를 추정하는 Simulator를 제공한다는 점이다.

그림 14-2 컨조인트 Market Simulator의 예시:
American Express 이자율을 12%로 변경할 경우 시장점유율 변화

	Product 1	Product 2	Product 3
Brand	Visa	MasterCard	Discover
Intetest Rate	15% interest	20% interest	15% interest
Crdeit Limit	$2,500 credit limit	$5,000 credit limit	$7,500 credit limit
Share	54%	8%	38%

	Product 1	Product 2	Product 3
Brand	Visa	MasterCard	Discover
Intetest Rate	15% interest	20% interest	12% interest
Crdeit Limit	$2,500 credit limit	$5,000 credit limit	$7,500 credit limit
Share	21%	3%	76%

컨조인트 조사 결과로 도출된 수준별 효용치(utility)를 활용하면 시뮬레이션 분석을 할 수 있다. 가격을 낮추거나 높여가면서 경쟁사의 제품 대비 자사의 제품 조합으로 가격 경쟁력을 가지게 되는 Parity Point(50:50의 SOP 지점)의 가격을 분석할 수 있다. 어떤 기능을 추가하면 소비자 지불 가격이 상승하는 Premium Price Point을 추정할 수도 있다.

선택형 컨조인트(CBC)를 보완한 ACBC 컨조인트 방식

선택형 컨조인트(CBC) 분석은 유용하지만 한계도 있다.

소비자 취향은 더 다양해지는 추세이고 제품 선택과 구매과정도 복잡해지고 있다. 그러나 CBC 방식에서는 속성과 수준의 개수에 제한이 있어서 다양한 소비자의 취향과 제품 선택 과정을 반영하기 어렵다.

CBC는 최소 200명 이상의 응답자를 대상으로 측정한다. 속성과 수준의 완전한 조합을 제시하는 Full-profile CBC의 경우 가능한 모든 제품 조합을 균형있게 제시하려면 응답자가 비현실적인 조합도 포함해야 한다.

ACBC는 보다 많은 수의 속성과 수준을 분석에 포함시킬 수 있고 상대적으로 적은 응답자 대상의 조사로도 신뢰도 높은 결과를 도출한다.

CBC 방식에서는 응답자에게 무작위로 속성-수준의 조합을 제시하여 가장 선호하는 것을 반복적으로 선택하는 과업(choice task)이 조사의 핵심이다.

ACBC는 선택 과업 이전 단계에서 BYO(Build Your Own)과 Screening 과정을 통하여 소비자가 선호할 가능성이 높은 카드를 구성한다.

BYO와 Screening 세션의 응답을 바탕으로 응답자별로 주어지는 카드의 내용이 실시간으로 달라지므로 ACBC 진행을 위해서는 인터넷 기반의 조사 방식이 필수적이다.

ACBC 조사의 진행과정

ACBC 조사는 소비자가 최적의 제품 조합을 구성하는 BYO 단계, '필수적인' 혹은 '수용 불가능한' 수준을 판별하는 Screening 단계, 가능한 속성과 수준의 조합에서 소비자가 가장 선호하는 조합을 선택하는 단계 등 세 가지 순서로 진행한다.

그림 14-3 ACBC의 3단계 조사 프로세스

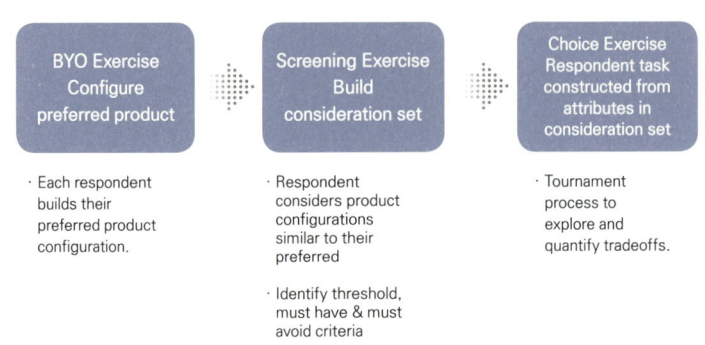

ACBC의 3단계 조사 프로세스

BYO (Build Your Own) 단계

응답자가 속성 내 수준별로 사전 정의된 가격(component price)을 고려하여 가장 최적이라고 생각되는 제품의 조합을 구성하는 단계이다. 선택의 현실성을 반영하기 위해 수준별 가격을 미리 책정하는 것이 좋다. 가격이 주어지지 않는 상황에서는 각 속성 내 가장 좋은 수준으로만 구성할 가능성이 높다.

Screening 단계

BYO의 응답 결과를 바탕으로 제품의 조합을 구성하여 각 조합별로 "구입할 수도 있는지 혹은 구입하고 싶지 않은지"의 질문을 반복하여 '필수적인'(must-have) 수준과 '수용 불가능한'(unacceptable) 수준을 판별한다.

응답자가 특정 수준이 포함된 제품은 구입하지 않겠다고 응답하면 'Unacceptable' 질문을 삽입하여 그 수준이 받아들일 수 없는 수준인지 확인한다.

응답자가 특정 수준이 포함된 제품을 계속 구입하겠다고 응답하면 'Must-have' 질문을 삽입하여 그 수준이 꼭 포함되어야 하는 수준인지 확인한다.

선택 과정(Choice Tournament) 단계

CBC의 선택 과업(choice task)과 동일한 과정이며 BYO와 Screening 단계를 거쳐 응답자가 구입할 가능성이 높은 제품의 조합으로 카드를 구성하고 제시하여 응답자 선호도를 정교화한다.

응답자가 반드시 있어야 한다고 응답했거나 혹은 불필요하다고 응답한 수준은 회색 음영으로 처리한다. 조사하고자 하는 제품에 많은 속성이 포함되어도 응답자는 BYO와 Screening을 통해 걸러진 의미있는 속성과 수준에 집중하여 카드를 선택한다.

CBC와 ACBC의 장점과 단점의 비교

표 14-2 CBC와 ACBC의 비교

조사방법		CBE	ACBC
최소 표본수		200표본 이상	100표본 이내
속성의 수		보통 6-7개가 상한선	4개 이상의 속성 수에 적합 (속성수가 너무 작을 때에는 적합하지 않음)
수준의 수		각 속성별 15개 까지, 보통 5개 정도가 적당	제한이 없음
실사 방법		종이설문이나 컴퓨터 기반의 설문	컴퓨터 기반의 설문으로만 가능
장점		응답자들이 응답하기 쉬움	5개 이상의 속성에 적합
		Flexible Design 이 가능함 (카드 선택 뿐 아니라 Chip allocation, Best-worst, Shelf-facing 등 발문 방식 다양화 가능)	가격 분석에 유용
		None 옵션 추가하여 분석 가능 (제시된 조합중 어떤 것도 선호하지 않을 때 선택지 제공 가능)	Non-compensatory 행동이 예상되는 경우에 적합(절대 구입하지 않거나 반드시 구입하고자 하는 스펙 등)
		속성 간 interaction 분석 및 가격 분석에 적합	응답자가 선호하는 조합으로 카드를 제시함 으로서 응답의 engagement 수준 향상
단점		200표본 이상 대규모 표본에 적합	CBC 보다 2-3배 설문 시간이 길다
		속성이 너무 많으면 응답자가 각 카드를 비교하면서 선택하기 어려움	CBC와 같은 Chip allocation, None 옵션을 제공하지 않음
		각 응답자별 선호에 맞춘 카드 제시가 어려움	프로그램 세팅과 분석이 보다 복잡함
			4개 이하 속성의 모델에는 적합하지 않음

CBC의 장점과 단점

CBC는 응답자가 조사 과정에서 쉽게 선택할 수 있다는 장점이 있다. 다양한 형태의 조사설계를 디자인할 수 있고 속성간의 상호작용 효과와 가격분석이 가능하다.

그러나 CBC는 속성이나 수준의 숫자에 제한이 있고 응답자별 선호에 따른 선택 조합을 제시하기 어려우며 200명 이상의 많은 응답자를 대상으로 조사를 진행하여야 한다.

ACBC의 장점과 단점

ACBC는 100명 이하의 적은 수의 응답결과로도 분석이 가능하고 조사하고자 하는 속성과 수준의 숫자에 제한이 없다. 절대 구입하지 않은 제품이나 반드시 구입할 제품을 선별하고 응답자가 관심을 가질만한 조합을 선택하여 조사하므로 응답자의 몰입도가 높고 가격의 영향을 측정할 수 있다.

ACBC도 단점은 있다. 조사과정이 BYO, Screening, 실제 선택과정의 3단계를 거치므로 설문기간이 길고 CBC에 비해 디자인 옵션이 제한되어 있다. 속성이 너무 적은 경우에도 적합하지 않다.

맺음말

컨조인트 분석은 소비자 선호를 최적으로 반영하여 제품이나 서비스의 경쟁력을 높이는 분야에 적용한다. 지역 개발과 자연 보존이 맞설 때 양 측 모두 수용 가능한 최적의 방안은 무엇인지 또는 사원의 충성도를 높이는 복지 프로그램 패키지는 어떻게 구성하는 것이 좋은가와 같은 다양한 영역에서도 활용한다.

 컨조인트 분석을 실행하는 연구자는 조사하고자 하는 제품 혹은 주제의 특성을 고려하여 CBC 혹은 ACBC 방식을 선택적으로 활용하는 것이 바람직하다.

PART 7
여러 가지 속성의 상대적 중요도를 측정한다

MaxDiff & AHP

소비자 선호도를 정확하게 측정하는 MaxDiff 조사 방법

15 research note

이강수 한국리서치 마케팅조사 사업1본부

단일 척도와 순위 평가를 통한 중요도 측정의 한계

다양한 속성을 가진 제품이 있다면 소비자가 어떤 속성을 더 중요하게 고려할 것인가? 제품의 속성에 대한 소비자 선호도를 정량적으로 측정하는 것은 제품개발과 마케팅에서 중요한 과제이다.

전통적으로 제품 속성의 중요도는 단일 척도(monadic scale)나 순위 평가(ranking)를 활용하여 측정한다. 단일 척도는 각각의 속성에 대해 소비자가 인식하는 중요도를 5점, 7점 등의 척도로 측정한다. 순위 평가는 속성을 나열하고 가장 중요한 속성부터 가장 덜 중요한 속성까지 순위를 매긴다.

단일 척도나 순위 평가에 의한 선호도 측정은 단점이 있다. 단일 척도로 소비자 선호도를 측정하면 각 속성의 점수가 비슷한 수준으로 집계되어 속성 간 선호도에 대한 변별력이 부족한 경우가 많다.

순위 평가 방식은 가장 선호하는 속성과 가장 덜 선호하는 속성 간의 차이를 보여줄 수는 있다. 그러나 중간 단계에 있는 속성에 대한 선호도를 측정하기 어렵다는 단점이 있고 절대적인 중요도 수준을 정확히 파악하기 어렵다.

척도평가와 순위평가 각각의 단점을 보완하기 위해 이 둘을 병행하기도 한다. 그러나 중요도 순서와 순위 평가의 순서가 역전되는 문제가 발생하기도 하고 속성의 수가 많으면 응답자의 인지적 피로감도 증가한다.

회귀분석 모델을 통해 중요도 수준과 중요도 순위를 동시에 파악할 수도 있다. 그러나 회귀계수가 마이너스인 경우 해석의 어려움이 있고 속성의 수가 많을수록 회귀분석을 통한 중요도 산출이 더 어려워진다.

소비자가 인식하는 속성의 중요도와 순위를 정확하게 도출하고 평가항목이 많아도 속성간의 변별력을 확보할 수 있는 방법은 무엇인가?

Maximum Difference Scaling(MaxDiff)

MaxDiff는 단일 척도나 비교 평가의 단점을 보완하고 소비자 선호도를 정량적으로 측정하는 방법이다. MaxDiff는 평가하고자 하는 속성을 4-6개의 세트(set)로 제시하여 가장 선호하는(best) 속성과 가장 덜 선호하는(worst) 속성을 선택한다. MaxDiff는 여러 세트의 속성을 응답자에게 제시하여 속성간의 상대적 순위와 선호도의 강하고 약한 정도를 정량적으로 측정한다.

MaxDiff를 통한 중요도 조사방법

응답자에게 한 번에 3~5개의 항목을 제시하고 가장 중요한 것과 가장 덜 중요한 것을 하나씩 선택하게 한다. 전체 항목에 대한 충분한 비교평가가 이루어질 때까지 이 과정을 반복한다.

그림 15-1 MaxDiff 조사 설문

가장 중요한 것	햄버거 구성재료	가장 덜 중요한 것
○	빵	○
●	패티	○
○	양상추	●
○	토마토	○

다음은 햄버거 구성재료입니다. 이 중 가장 중요한 것은 무엇입니까? 가장 덜 중요한 것은 무엇입니까?

위와 같은 방법으로 조사하여 각 속성별로 가장 중요한 것으로 선택된 횟수와 가장 덜 중요한 것으로 선택된 횟수를 집계한다. 각 속성간의 상대적 순위도 계산할 수 있으며 각 속성의 중요도 값도 비율 척도(ratio scale)에 의해 산출한다.

[그림 15-2]의 조사결과를 보면 햄버거에 대한 소비자의 인식은 패티, 빵, 토마토의 순으로 중요하다. 패티의 중요도는 13.4로 빵의 중요도 7.4에 비해 1.8배 높다.

그림 15-2 MaxDiff 조사결과 예시

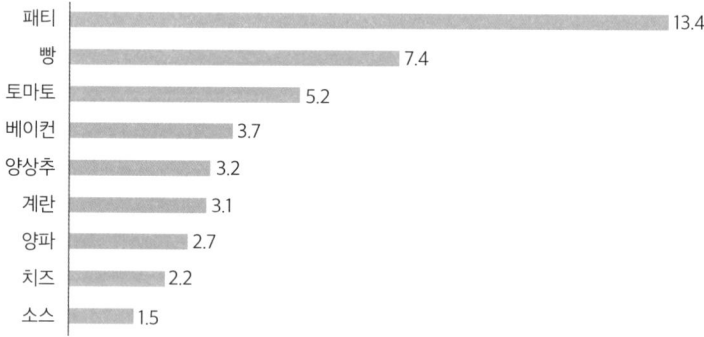

MaxDiff는 단일 척도나 순위 평가에 비해 장점이 있다.
- 한 번에 3~5개의 항목을 비교하여 쉽고 정확하게 평가할 수 있다.
- 척도평가에 비해 변별력이 높다.
- 순위평가에 비해 도출된 순위의 정확성이 높다.
- 중요도 점수와 순위가 일치하지 않는 문제가 발생하지 않는다.
- 속성의 숫자가 아주 많아도 중요도 산출이 가능하다.

MaxDiff에 의한 산호도 측정 결과와 단일 척도에 의한 선호도 평가를 비교하면 브랜드간, 속성 간 선호도의 변별력이 MaxDiff 방식에서 더 확실하게 측정된다.

그림 15-3 MaxDiff와 단일 척도에 의한 선호도 평가 비교

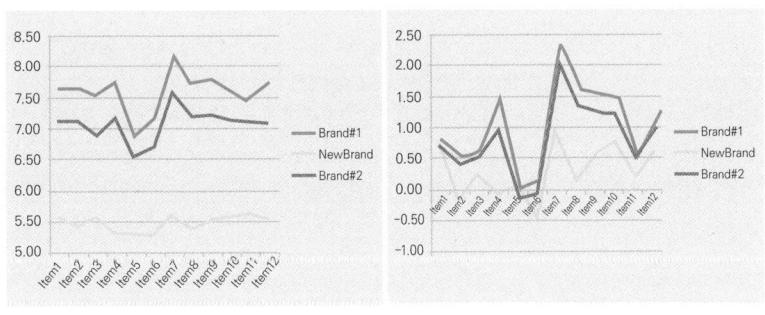

MaxDiff 조사 데이터의 분석

MaxDiff는 미국 Alberta 대학의 Jordan Louviere(1987)이 개발한 방법이다. 이후 MaxDiff 분석을 위한 컴퓨터 소프트웨어가 개발되어 연구자가 손쉽게 사용할 수 있게 되었다.

MaxDiff 조사 데이터는 가장 선호하는 선택과 가장 덜 선호하는 선택의 숫자를 집계하여 비교하는 방법과 다항로짓모형(Multinomial Logit Model)이나 잠재계층화모델(Latent Class Model)을 적용하여 각 속성의 Utility 값을 추정하는 방법이 있다.

마케팅 조사에서 MaxDiff의 활용

　MaxDiff는 제품 및 서비스의 Key Buying Factor 도출, 마케팅 플랜 또는 정책 우선 순위 결정 등에 효과적으로 활용된다. MaxDiff는 브랜드 선호요소의 측정, 브랜드 이미지 속성 평가, 신제품의 개념 평가, 소비자가 선호하는 광고 메시지 평가 등 마케팅 전략을 수립하는 과정에서 활용된다. 세그멘테이션이나 포지셔닝을 위한 분석방법에 적용할 수 있다.

체계적이고 효과적인 의사 결정을 위한 AHP 분석 방법

16 research note

성현정 한국리서치 여론조사 사업1부

AHP의 배경과 기본 원리

복잡한 의사결정을 어떻게 체계적이고 효과적으로 할 수 있나? 평가기준이 다수이고 복잡한 경우 평가 요소의 중요도 및 우선 순위를 판단하기 쉽지 않다.

AHP(Analytic Hierarchy Process)는 상호 배타적인 대안들을 체계적으로 평가하여 우선 순위를 도출하는 의사결정방법이다. AHP는 문제가 복잡하고 다수의 평가 기준이 있을 경우 인간의 뇌가 단계적, 계층적으로 분석하는 과정을 활용하여 판단한다는 원리에 기초한다.

AHP는 상대적 중요도 혹은 선호도를 비율 척도(ratio scale)로 측정하여 정량적 결과를 도출한다. 건물 입지 선정, 인사고과 평가기준 구성, 공공 정책 수립, 신제품 출시 등 다양한 현실적인 문제에 적용할 수 있다.

AHP(Analytic Hierarchy Process)의 특징

AHP 분석은 복잡한 문제를 계층화하여 주요 요인과 세부 요인들로 분해하고 일 대 일 비교를 통해 생성된 데이터를 기반으로 상대적 중요도를 산출한다. 구성 요소의 중요도나 우선 순위를 매겨야 하는 평가 기준이 많을 때 AHP는 유용한 의사결정 방법이며 계량화가 어려운 주제에도 적용이 가능하다.

AHP는 복잡한 의사 결정문제를 전문가의 판단과 수리적인 분석을 통하여 해결하는 방법이다. 전문가들이 참여하는 집단 의사 결정에서 특정인의 영향력을 좌우되지 않고 합의 도달을 위한 시간과 비용 등의 현실적인 문제점을 완화하는 장점이 있다.

그림 16-1 AHP의 일반적인 분석틀의 구조

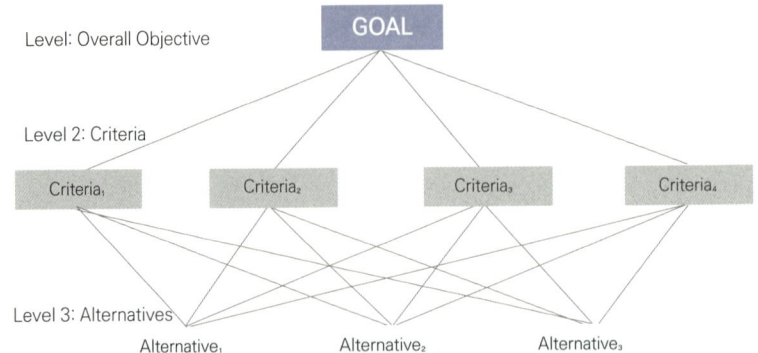

AHP(Analytic Hierarchy Process) 분석 단계

AHP 분석 절차는 다음과 같은 6가지의 단계이다.

- 1단계 : 문제 정의 및 목표 설정
- 2단계 : 계층구조 만들기
- 3단계 : 비교 행렬 작성하기
- 4단계 : 상대적 중요도 산출
- 5단계 : 정합성(일관성) 검증(CI)
- 6단계 : 우선 순위 도출 및 대안 선정

AHP 분석의 첫 번째 단계에서는 해결해야 하는 문제와 목표를 규정한다. A,B,C 중에서 한 개의 직장을 선택해야 한다면 '직장을 선택하는 것'이 의사결정의 목표이다. 직장 선택 시 고려할 수 있는 기준으로 '업무적합도', '급여수준', '회사규모', '근무지' 등을 선정할 수 있다.

해결해야 하는 문제와 목표가 설정되면 직장선택의 문제를 '최종목표', '평가기준', '하위평가기준'으로 나누어 계층구조를 정한다. 계층구조 내에서 평가요소는 7~9개 정도가 적당하다.

그림 16-2 직장선택 문제의 계층구조

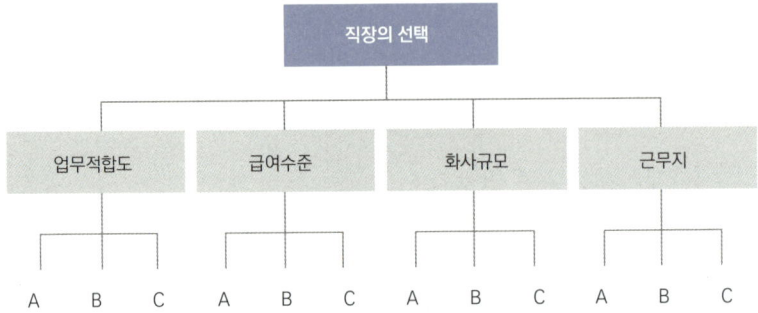

　　AHP의 세 번째 단계에서는 이전 단계에서 설정한 평가 요소를 두 개씩 짝지어 평가하는 쌍대비교(pairwise comparison)를 한다. 직장선택 문제에서는 업무적합도, 급여수준, 회사규모, 근무지의 4가지 평가 요소를 두 개씩 짝지어 중요도를 비교하면 모두 12번의 쌍대비교를 하여 평가기준(요소)의 중요도를 산출한다.

그림 16-3 AHP 분석을 위한 설문의 예시

-A	A가 더 중요 (절대 / 매우 / 중요 / 약간)	동등	B가 더 중요 (약간 / 중요 / 매우 / 절대)	B
A-1	○ ○ ○ ●	○	○ ○ ○ ○	B-1
	A-1 요소가 B-1 요소보다 약간 중요하다고 생각한다.			
A-2	○ ○ ○ ○	○	○ ● ○ ○	B-2
	B-2 요소가 A-2 요소보다 중요하다고 생각한다.			
A-3	○ ○ ○ ○	●	○ ○ ○ ○	B-3
	A-3 요소가 B-3 요소의 중요도가 동등하다고 생각한다.			

AHP의 네 번째 단계에서는 쌍대 비교 데이터를 기반으로 비교 행렬을 작성한다. 비교 행렬을 통하여 평가 기준별 상대 비중의 가중치를 산출하고 회사별 가중치도 계산한다. 이를 토대로 4가지 평가기준(요소)별 평가 점수를 산출하여 회사 선호도를 파악한다.

AHP 분석에서 응답자가 일관성 있게 응답하였는가를 판별할 수 있는 일관성 지수(Consistency Index)를 확인해야 한다. A는 B보다 중요하고, B는 C보다 중요하다고 응답하였으나 A는 C보다 중요하다고 평가한 경우 응답 결과의 일관성이 없다고 판단할 수 있다. 일관성 지수는 응답의 논리적 모순을 검증하는 지표로 0.1 이하이면 일관성있게 비교했다는 의미이다.

AHP(Analytic Hierarchy Process) 설계 시 주의사항

AHP는 설계 시 주의할 사항이 있다.

첫째, AHP 분석의 평가요소는 상호 비교가 가능한 것으로 구성한다. 동일한 계층 내에서 2개의 요인을 짝지어 비교하고 강도를 표시할 수 있어야 한다.

두 번째, 중요도를 측정할 경우 동일한 척도로 구성한다.

세 번째, 한 계층에 속한 요소들은 인접한 상위 계층의 요소에 대하여 종속적이어야 한다. 상대적 중요도를 평가하는 요인들은 특성이나 내용 측면에서 서로 독립적이어야 한다.

네 번째, 계층구조는 의사결정에 관련된 모든 사항을 완전하게 포함한다.

AHP(Analytic Hierarchy Process) 조사 진행 시 고려사항

AHP 조사는 평가 기준이 많을수록 쌍대 비교 문항 수가 많아진다. 응답자에게 같은 형태의 문항을 반복적으로 묻는 과정에서 응답 성실도가 낮아질 수 있다. 따라서 응답자에게 AHP 조사의 특성과 목적에 대한 충분한 설명을 제시해야 한다.

AHP 조사 평가 기준을 설계할 때 평가 기준이 서로 비교할 수 있는 요소인지 독립적인 항목인지에 대한 고려도 필요하다. 연구자가 사전 계층 구조를 작성할 때 이에 대한 검토가 필요하다. 예비조사를 통해 응답자가 쌍대 비교를 할 수 있는 항목인지에 대한 반응을 확인하는 것도 좋은 대안이다.

PART 8
소비자 조사의 결과를 비교하고 해석한다

소비자 조사결과를 비교하고 해석할 수 있는 기준: 한국리서치 H-NORM® 데이터베이스

17 research note

주미옥 한국리서치 마케팅조사 사업2본부

Norm DB가 왜 필요한가: 마케팅 조사 결과를 정량적으로 판단하는 기준

소비자 조사에서 신제품에 대한 소비자 구매의향이 5점 척도 기준으로 평균 3.8이면 제품의 시장성을 어떻게 전망할 수 있나? 다른 제품에 대한 구매의향 수치와 이 조사 결과를 비교할 수 있나?

마케팅 조사에서 중요한 것은 결과치를 해석하고 판단하는 능력이다. 비교할 수 있는 데이터가 없으면 단일 숫자 만으로는 조사결과에 대한 정확한 판단을 하기 어렵다. 마케팅 조사의 결과를 Database로 활용하면 개별 조사결과를 해석하고 비교, 평가할 수 있는 기준인 Norm을 설정할 수 있다.

한국리서치는 지난 40여년 간 25,000건의 마케팅 조사에서 산출된 20만 개의 데이터 포인트를 DB로 구성하여 소비자 조사의 결과치를 비교하고 평가할 수 있는 H-Norm을 구축하였다.

H-Norm은 조사의 결과치를 해석하는 기준을 제공하는 Value Norm, 조사 문항을 서로 연결하여 해석할 수 있는 자료를 제공하는 Cross Norm, 조사 결과의 분포를 비교할 수 있는 Distribution Norm 세 가지 모듈로 구성된다.

H-Norm® 2.0 버전에서는 조사 결과에 대한 직관적 해석을 위하여 정량적 분석과 시각적 분석을 보완하였다.

한국리서치 H-NORM®의 구성

마케팅 조사 결과의 해석을 위한 준거 기준으로 삼을만한 신뢰할 수 있는 데이터가 되려면 충분한 자료가 축적되어 있어야 한다. 단순히 많은 데이터가 의미있는 데이터인 것은 아니다. 자료가 실제 결과 해석에 도움이 되도록 잘 구축되어 있는지가 좋은 데이터의 조건이다. 조사 결과를 적합한 비교 기준에 따라 해석할 때 시장 반응을 현실적으로 예측할 수 있다.

H-Norm은 20만 개의 조사 결과를 지역, 제품 종류, 출시 상태, 자료 수집 방법, 평가척도, 브랜드로 구분하여 주요 설문에 대한 평가 기준을 제시한다. 분류 기준은 필터링이 가능하다. 제품 특성에 따라 다양한 시각에서 시장 기회를 탐색할 수 있고 분석 기간을 설정할 수 있다.

H-Norm에서 비교할 수 있는 문항은 다음과 같다.

- 신제품 컨셉에 대한 소비자 수용도
- 신제품에 대한 소비자 평가와 구매의향
- 광고, 판촉 시안에 대한 소비자의 평가
- 제품 패키지 디자인에 대한 선호도
- 상표명에 대한 소비자의 평가

H-Norm에서 조사결과를 비교할 수 있는 필터는 다음과 같다.

- 신제품 출시 상태: 출시, 미출시
- 제품 카테고리: 생활용품, 서비스, 식음료, 자동차, 전기전자
- 평가 항목: Concept, Product, Design, Naming, Ad 등
- 자료 수집 방법과 조사지역

VALUE-NORM®

제품 평가를 위해 사용되는 Likert 척도는 비교 대상이 없을 경우 결과를 해석하기 어렵다. Value Norm을 활용하면 평균값과 표준편차를 이용하여 제품의 평가가 어느 수준인지 쉽게 이해할 수 있다.

그림 17-1 VALUE-NORM®

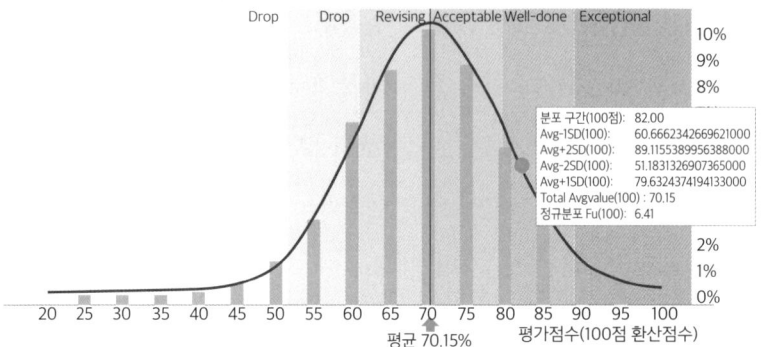

Value Norm은 카테고리 별로 세분화된 자료 값을 이용하여 현실성 있는 해석을 제공한다. 구입의향 항목의 경우 해당 제품을 출시할 경우 성공 가능성을 비교하고 예측할 수 있다.

- Exceptional (평균 +2SD 이상) : 제품 평가가 상위 5% 제품의 수정 없이도 성공 가능성 매우 높음
- Well-Done (평균 +1SD 이상) : 제품 평가가 상위 15%. 소비자의 니즈에 맞게 제품을 개선할 경우 성공 가능성 있음
- Acceptable & Revising (평균 ±1SD 이내) : 제품 평가가 평균 수준. 제품의 개선 후 재평가를 받음
- Drop (평균 -1SD 이하) : 제품 평가가 하위 15% 이하. 성공 가능성 낮음

Value Norm은 해당 제품 결과값이 전체 Top %와 평균값 기준으로 어느 수준인지 알려주며 결과값의 변동에 따른 위치 변동을 파악할 수 있다. 현재 결과값으로 마케팅 활동의 목표달성이 가능한지 또는 결과값이 얼마나 향상되어야 마케팅 활동의 목표를 이룰 수 있는지에 대한 기준을 알려준다.

CROSS-NORM®

Cross Norm은 제품 컨셉의 독특성, 신제품 구입 의향, 브랜드에 대한 신뢰도, 호감도, 제품이나 서비스 만족도와 추천 의향, 가격 세시 전과 후의 구입 의향 혹은 제품의 주요 속성에 대한 평가 항목 중 2가지 항목을 동시에 고려하여 평가하는 포트폴리오이다.

Cross Norm을 활용하면 속성들의 결과치의 상대적 위치를 진단하여 제품 개발의 방향을 설정하거나 포지셔닝 전략 수립에 활용할 수 있다. 한국리서치의 Concept-Building$^{(TM)}$ 패키지에 포함되어 있는 Net-Cast®는 컨셉에 대한 소비자의 구입의향 및 독특성 지표로 구성된 Cross Norm을 이용하여 신상품 컨셉의 성공 가능성을 타진해 준다.

그림 17-2 CROSS-NORM®

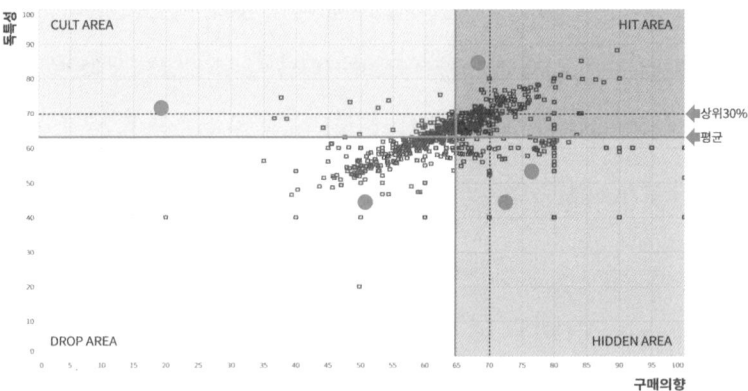

Cross Norm을 활용하여 네 가지 옵션을 구분할 수 있다.

- Hit Area : 구입의향과 독특성 모두 평균 이상 컨셉. Hit 영역에 있는 컨셉의 +1 표준편차를 넘으면 최소한 수정 후 시제품화하고 그보다 낮을 경우 개선 포인트를 파악하여 재조사 진행.

- Hidden Area : 구입의향은 높으나 독특성은 떨어지는 컨셉. 소비자 눈길을 끌 수 있는 포인트 발굴 필요. 독특성 개선 없이 출시하면 제품력이 높아도 판매량이 저조할 우려가 있음. 차별화된 포인트를 설정하여 컨셉 테스트를 다시 진행.

- Cult Area : 구입의향은 낮으나 독특성이 높은 컨셉으로 틈새시장용 제품 가능성 검토. 긍정적 구입 의향 집단을 대상으로 타게팅과 포지셔닝.

- Drop Area : 구입의향과 독특성 모두에서 H-Norm 평균 대비 낮게 평가된 컨셉. 상품 개발을 보류하고 평가가 저조한 이유를 파악하여 추후 신상품 컨셉 개발에 활용.

Cross Norm 속성 간 교차값의 위치를 통하여 조사 제품이 각각의 속성에서 어느 수준에 있는지 알려준다. 전반적 평가 수준과는 별도로 카테고리 내에서의 경쟁 대비 조사 항목에 대한 상대적 우열을 파악할 수 있다.

그림 17-3 CROSS-NORM®

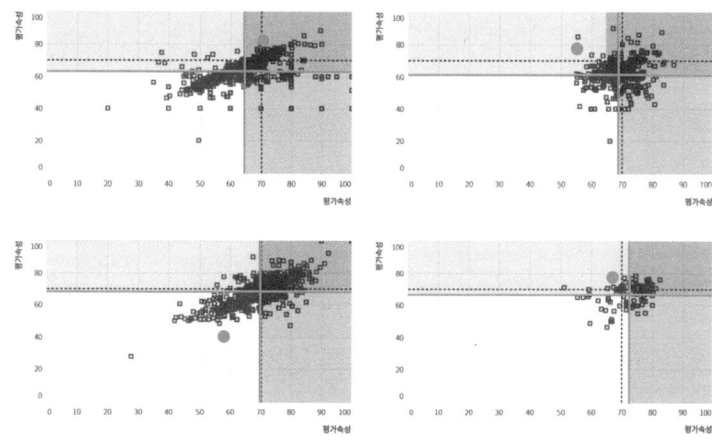

DISTRIBUTION-NORM®

Distribution Norm은 평가 점수 분포의 형태를 비교하기 위한 Norm이다. Distribution Norm은 평균값만으로 설명하기 어려운 소비자의 태도를 준거 제품의 평가 점수 별 분포와 비교하여 평가 점수 분포의 특성에 맞는 대안을 제안한다.

각 점수의 분포 형태는 평균값과는 다른 의미를 가진다. 동일한 평균값을 가지는 제품이어도 점수의 분포에 따라 상이한 마케팅 활동이 필요할 수 있다. Distribution Norm은 평가 점수의 분포를 분석하여 매우 긍정 비율과 긍정 비율, 중립 비율 및 부정 비율의 크기를 기존 자료와 비교한다.

그림 17-4 DISTRIBUTION-NORM® 자료의 해석 (선호도 사례)

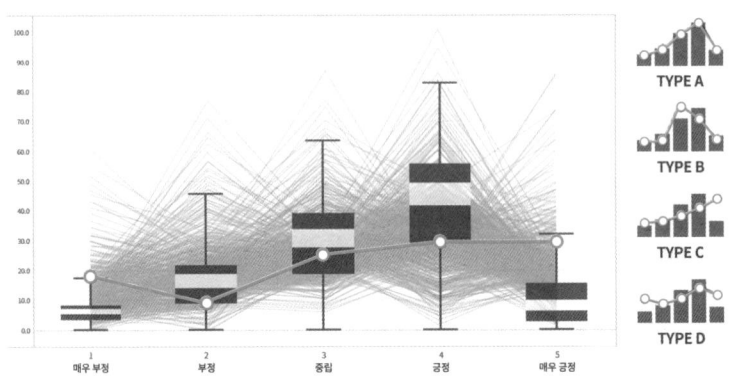

- TYPE A [Norm과 유사한 형태] : 타 제품과 유사한 분포를 보이는 경우. 전체 평균값을 기준으로 Value Norm을 이용하여 결과를 해석.

- TYPE B [부정과 매우 긍정은 적고, 중립이 많은 형태] : 제품에 개선해야 할 점은 없으나 선호 포인트가 명확하지 않은 경우. USP 발굴에 주안점을 둘 필요.

- TYPE C [중립과 약간 긍정은 적고 매우 긍정이 많은 형태] : 일부 집단에서 강한 선호이지만 전체적으로 선호도가 높지 않은

경우 선호집단을 대상으로 틈새 제품 가능성 타진.

- TYPE D [부정과 매우 긍정은 많고 약간 긍정이 적은 형태] : 선호 집단과 비선호 집단이 확연히 갈라지는 경우. 비선호 이유를 파악하여 복수의 라인업 가능성과 선호 집단을 대상으로 틈새시장 가능성을 타진.

맺음말

소비자 조사 결과에는 숫자 자체로 해석이 가능한 보이는 의미와 숨겨진 뜻을 파악하여야 올바르게 해석할 수 있는 의미가 모두 포함되어 있다. 마케팅 조사의 Norm Data는 리서처나 마케터가 조사 결과를 해석할 수 있는 기준을 제공하며 제품에 대한 의사결정에 중요한 역할을 한다.

조사 결과를 해석할 때 데이터 속에서 숫자의 의미를 찾아내기 위하여 시간과 노력을 들여야 할 때도 있고 같은 결과에 다른 해석을 내리는 오류를 범하기도 한다. 데이터 시각화(data visualization) 작업은 축적된 자료로부터 빠르고 쉽게 인사이트를 도출하고 직관적 해석이 가능하도록 도와준다.

조사의 목적에 맞게 분류된 Norm 데이터로 자료 활용성을 높이는 시각적 분석은 방대한 자료에서 조사 결과의 의미를 쉽게 이해할 수 있도록 한다.

PART 9
리테일 마케팅을 디자인하고 측정한다

쇼핑의 과학: 성공적인 리테일 매장 디자인

18 research note

남진만 한국리서치 Market Insight 조사사업부

온라인 리테일의 성장과 오프라인 리테일의 대응

온라인 리테일 산업의 절대 강자인 아마존(Amazon)의 기세가 대단하다. 딜로이트 컨설팅에 의하면 아마존은 2018년에 1,186억불(134조원)의 수익을 거두었다. 전 세계 리테일 기업 중에서 수익 기준으로 4위이며 2017년 대비 글로벌 순위가 2계단 올랐다.

아마존의 수익성장률은 25%로 전 세계 상위 250개 리테일 기업의 평균 수익성장률(5.7%)을 압도한다. 세계 1위 리테일 기업 월마트도 시장 지배력을 여전히 유지하고 있지만 오프라인 매장을 축소하고 온라인 매장에 공격적인 투자를 하고 있다.

우리 나라의 온라인 리테일 채널도 매년 두 자리 수의 성장률을 보인다. 반면 할인점, 백화점과 같은 전통적인 오프라인 리테일 채널은 정체되거나 위축되는 추세이다. 이러한 변화는 온라인 쇼핑에 익

숙한 밀레니얼 세대가 소비시장의 주축으로 등장하는 시점에 더욱 강화될 것으로 전망된다.

표 18-1 글로벌 리테일 기업의 순위(2018, Deloitte)

FY18 Top 250 rank	FY17 Top 250 rank	Company	Country of origin	FY2018 retail revenue (US $ M)
1	1	Wal-Mark Stores, Inc.	US	500,343
2	2	Costco Wholesale Corporation	US	129,025
3	3	The Kroger Co.	US	118,982
4	6	Amazon.com, Inc	US	118,573
5	4	Schwarz Group	Germany	111,766
6	7	The Home Depot, Inc.	US	100,904
7	5	Walgreens Boots Alliance, Inc.	US	99,115
8	8	Aldi Einkauf GmbH & Co.	Germany	98,287
9	10	CVS Health Corporation	US	79,398
10	11	Tesco PLC	UK	73,961
21	21	Wesfarmers Limited	Australia	48,748
22	23	Woolworths Limited	Australia	42,891
181	218	JB Hi-Fi Limited	Australia	5,311

온라인 리테일 채널은 다양한 상품 정보의 제공과 저렴한 가격이 강점이다. 오프라인 리테일 채널은 소비자가 상품을 체험하고 판매원의 서비스를 받을 수 있다는 장점이 있다. 최근에는 온라인 채널에서도 상품 정보나 가격 비교를 넘어 '하이퍼 리얼리즘'이 구현된 제품 정보를 제공하여 오프라인 채널의 장점을 흡수한다.

오프라인 리테일 기업도 매장 방문 고객에게 독특한 쇼핑 경험을 제공하고 인텔리젼스 테크놀로지를 통해 쇼핑객의 구매욕구를 구매로 연결하는 'Zero Effect Shopping'을 구현하는 시도를 한다.

오프라인 매장에서 차별화된 쇼핑 경험을 구현하려면 과학적인 매장 디자인이 중요하다. 매장 디자인에서 중요한 요소는 매장의 외관, 매장 입구의 공간 구성, 매장 내부 공간의 레이아웃(layout), 매장 내 상품 진열과 싸이니지(signage)의 배치 등이다.

매장 외관(Store Front)

매장 외관은 쇼핑객에게 오프라인 매장 아이덴티티를 전달하는 매우 강력한 수단이므로 인상적이고 차별적으로 전달되도록 디자인한다.

가로수길에서 달리기용품을 판매하는 매장은 재미있는 그림과 글씨로 상징적인 외관을 꾸민다. 소비자가 매장을 쉽게 발견할 수 있고 무엇을 판매하는 매장인지를 직관적으로 인식할 수 있게 하는 것이 중요하다.

그림 18-1 판매상품의 특징을 표현한 리테일 매장 외관

매장 내부로 들어가는 통로

리테일 매장으로 진입하는 통로 방문객의 긴장을 완화하는 구역(decompression zone)의 역할을 한다.

인간의 두뇌는 과거보다 많은 정보를 처리하며 바쁜 일상생활에서 집중력이 분산된다. 쇼핑객이 매장에서 차별화된 쇼핑 경험을 하기 위해서는 두뇌가 이완된 상태가 필요하며 매장 외부와 차별화되는 내부 환경의 설계가 필요하다.

매장 입구의 긴장 완화 구역은 최소 3~5m 이상 혹은 매장 규모에 따라 더 크게 설계한다. 이 공간은 상품을 진열하거나 싸이니지를 배치하지 않고 조명, 바닥의 재질 등을 달리하여 쇼핑객이 매장

에 진입하였을 때 새로운 환경에 적응할 수 있도록 한다.

Sephora는 매장 입구에 파워 디스플레이를 설치하여 쇼핑객이 보행 속도를 늦추고 실내 환경에 편안하게 적응하게 한다.

그림 18-2 Sephora 매장 입구의 긴장 완화 구역

매장 내부 공간의 레이아웃

쇼핑객이 매장에 가능한 오랫동안 머물도록 내부의 레이아웃을 설계하는 것도 중요하다. 체류시간이 증가하면 구매 가능성과 구매 금액이 증가하기 때문이다.

쇼핑객의 체류시간을 증가시키기 위해서 전체 공간이 골고루 쇼핑 공간으로 활용될 수 있게 설계한다.

- 쇼핑객의 동선이 매장 전체를 활용할 수 있게 제품 카테고리를 배치한다.
- 매장 내에서는 관련성 있는 상품 카테고리를 인접 배치한다. 매장을 돌아다니는 수고 없이 쇼핑할 수 있어야 한다.
- 연관 진열이 잘된 매장은 충동적인 연관 구매를 일으키고 객단가의 증가로 연결된다.
- 매장 통로는 쇼핑객의 이동이 편리하도록 넓게 설계한다. 통로가 좁으면 매장 전체를 둘러보는데 방해가 되며 체류시간이 감소한다.

매장 내 상품 진열

상품의 구색은 많을수록 좋다고 생각하지만 상품 구색이 많다고 무조건 좋은 것은 아니다. 상품 구색이 지나치게 많으면 쇼핑객은 어떤 상품을 구매해야 하는지 선택하기 어렵다.

매장 내 상품을 브랜드 단위로 진열할 것인지 아니면 제품 카테고리 기준으로 진열할 것인지의 기준은 쇼핑객의 의사 결정 구조(decision tree)를 고려한다. 매장 내 상품 큐레이션을 통해 상품을 선별하고 쇼핑의 스트레스를 줄여주어야 한다.

상품 진열은 Good/Better/Best 원칙으로 '합리적 가격에 좋은 상품', '그보다 비싸고 좋은 상품', '최상의 상품'을 진열한다.

상품 진열에서 쇼핑객의 인터액션(interaction) 요소를 고려하는 것도 중요하다. 진열 상품을 살펴보는 것만으로는 실제 구매로 연결되지 않으며 쇼핑객이 직접 상품을 체험해 보는 것이 중요하다. 소비자의 흥미를 유발하는 체험이 이루어지면 상품을 구매할 확률도 높아진다.

매장 내 싸이니지

싸이니지는 쇼핑객에게 마케팅 메시지를 전달하고 매장 내 동선의 방향을 알려주며 제품에 대한 정보를 제공한다. 싸이니지가 눈에 띄고 내용을 잘 전달하려면 올바른 위치와 형태 그리고 내용의 디자인이 필요하다.

쇼핑객이 싸이니지를 보는 위치에서 어떻게 행동하는 지도 살펴야 한다. 매장 밖을 지나가는 쇼핑객이 볼 수 없는 방향으로 싸이니지가 설치되지는 않았는지, 정보가 너무 많아서 메시지를 이해하기 어려운지, 싸이니지 형태와 디자인이 눈에 띄는지를 체크할 필요가 있다.

매장에 배치하는 싸이니지의 적정한 수도 중요하다. 쇼핑객은 싸이니지가 많은 매장 보다 적은 매장에서 싸이니지를 볼 확률이 높다.

맺음말: 성공적인 리테일 매장을 디자인하려면 소비자 행동을 관찰하고 추적해야 한다.

리테일 매장의 개발 과정은 (1)소비자 니즈(needs) 탐구 (2)새로운 매장 컨셉 개발(benchmark & ideation) (3)매장 디자인 (4)프로토타잎(prototype) 개발 그리고 (5) 출점(roll-out)의 순서이다.

리테일 매장 개발 과정에서 발견되는 문제는 다음과 같다.

(1) 매장 내 쇼핑객 행동의 관점에서 새로운 매장 컨셉을 개발하려는 시도가 적다.

(2) 매장 컨셉을 설정한 후 쇼핑객 행동 관점에서 점검하는 과정을 거치지 않는다.

(3) 프로토타잎을 개발한 후 신규 매장을 바로 출점하는 단계로 넘어가는 경우가 많다.

매장을 디자인할 때 쇼핑객의 행동에서 가이드라인을 찾고 새로운 매장 환경에서 어떻게 변화되는지를 추적하는 것이 중요하다. 소비자가 매장에 눈을 돌리는지 얼마나 많은 사람들이 매장에 들어오는지 매장 내에서 어떻게 행동하는지를 관찰하면 매장 개선에 대한 시사점을 얻을 수 있다.

오프라인 매장의 서비스 품질을 어떻게 측정할 수 있나: Mystery Shopper를 활용한 매장 모니터링 조사

19 research note

노혜영 한국리서치 마케팅조사 사업2본부

리테일 매장과 서비스 매장은 브랜드 경험을 제공하는 고객 접점이다. 인터넷과 스마트 폰의 보급으로 온라인 쇼핑이 늘어나지만 오프라인 매장의 소비자 경험은 여전히 중요하다.

오프라인 매장에서 경험하는 서비스 품질(service quality)은 고객 경험(customer experience)의 중요한 구성요소이며 브랜드에 대한 좋은 이미지를 구현할 수 있다.

소비자는 온라인과 오프라인을 병행하여 탐색한다. 오프라인 매장의 긍정적 고객 경험은 온라인에서도 브랜드에 대한 호감도와 친밀감을 형성하는 데 영향을 준다.

오프라인 매장의 소비자 경험을 어떻게 측정할 수 있나? 직접적인 방법은 오프라인 매장을 방문하는 고객의 눈높이에서 소비자가 보고, 듣고, 느끼는 과정을 있는 그대로 관찰하고 평가하는 것이다.

Mystery Shopper를 활용한 모니터링 조사는 훈련된 조사원이 리테일, 서비스 매장을 방문하는 실제 고객의 행동을 반영할 수 있도록 사전에 정해진 시나리오에 따라 매장의 서비스를 경험한 후에 세부 평가 항목에 따라 서비스 품질을 평가한다.

모니터링 조사는 매장을 방문한 경험이 있는 고객을 대상으로 고객 경험을 조사하는 고객만족도 조사(customer satisfaction survey)와 유사하다. 고객만족지수(CSI)는 고객의 주관적 만족도를 기억에 의존하여 조사하는 방식이다. 모니터링 조사는 서비스 품질에 대한 직접적인 관찰과 경험을 실시간으로 평가한다는 점에서 상호보완적이다.

Mystery Shopper를 통한 모니터링 조사의 결과 오프라인 매장에서 더 나은 고객 경험을 제공할 수 있도록 서비스 품질을 개선하는 방향을 제시한다.

- 서비스 품질 수준의 Benchmarking과 업그레이드
- 경쟁사 대비 서비스 품질 수준의 경쟁력 평가
- 서비스 품질을 제고하기 위한 서비스 매뉴얼 업그레이드
- 매장별 서비스 품질 평가를 통한 교육, 훈련 프로그램 운영
- 매장별 서비스 품질 평가를 통한 인센티브 시스템 운영

Mystery Shopper를 활용한 매장 모니터링 조사의 기획

Mystery Shopper를 활용한 모니터링은 10가지 단계이다.

- 모니터링 조사의 목적(objective)과 목표(goal) 설정
- 모니터링 대상 서비스 영역을 규정하고 서비스 매장 선정
- 모니터팅 대상 서비스 품질의 구성요소 선정
- 서비스 품질 모니터링의 체크리스트 작성
- 모니터링 현장 방문 시 시나리오 구성
- Mystery Shopper를 선발, 훈련
- Mystery Shopper의 현장 모니터링과 체크리스트에 의한 평가
- 모니터링 평가 자료 집계와 분석
- 모니터링 평가 보고서 작성
- 모니터링 평가 결과에 따른 후속 조치

그림 19-1 Mystery Shopper에 의한 모니터링 조사의 10단계

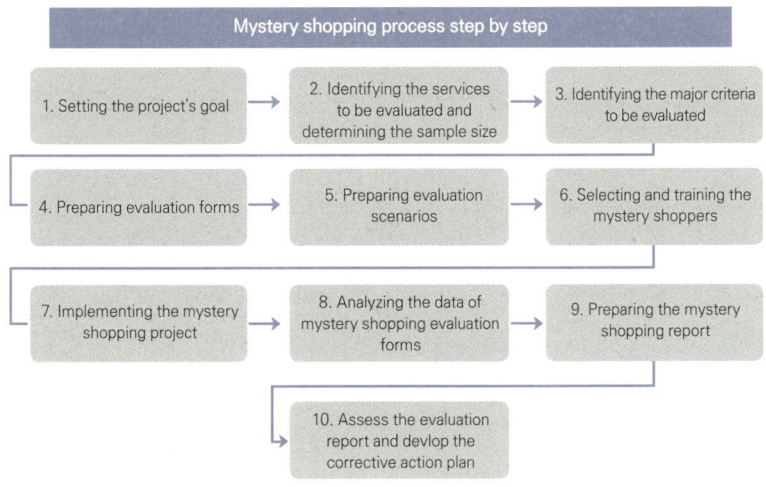

첫 번째 단계는 목적(objective)과 목표(goal)를 분명히 하는 것이다. 기획단계의 초기에 이 조사를 왜 하고자 하는지 이 결과를 어떻게 활용하고자 하는지에 대한 명확한 이해가 있어야 한다.

두 번째 단계는 모니터링 대상이 되는 서비스를 규정하고 서비스를 제공하는 매장의 범위를 정한다. 전수 매장을 모니터링할 것인지 아니면 표본 매장을 모니터링 할 것인지를 정하는 단계이다.

세 번째 단계에서는 모니터링 대상이 되는 서비스 품질의 구성요소와 품질 기준을 모니터링 조사의 평가 항목으로 작성한다. 서비스 품질 매뉴얼이 구비되어 있다면 이를 참조한다. 사전 조사를 통하여 관찰된 고객 경험에 영향을 줄 수 있는 요소를 추가하여 반영한다.

네 번째 단계에서는 서비스 품질의 구성요소와 품질 기준을 바탕으로 평가를 위한 체크리스트를 설문지 형식으로 작성한다.

체크리스트에는 고객응대 태도, 매장 내 시설 환경과 디스플레이, 시나리오에 따른 문의에 대한 매장 직원의 대응, 전반적인 평가 항목 등으로 구성한다.

체크리스트는 예, 아니오와 같은 이분형 척도를 적용하는 항목과 5점 척도 혹은 7점 척도 등으로 세분화된 척도를 적용하는 항목으로 구성한다.

다섯 번째 단계는 현장 모니터링의 시나리오를 작성하는 일이다.

모니터링 시나리오는 리테일 매장이나 서비스 실제 고객의 동선과 행동 유형을 바탕으로 작성하되 다양한 경우의 수를 반영할 수 있도록 작성한다.

여섯 번째 단계는 Mystery Shopper 역할을 할 모니터링 요원을 선발하고 교육하는 단계이다. 모니터링 교육에서 가장 중요한 것은 '고객의 입장에서 관찰하고 평가하기'와 '모니터링 요원의 눈높이를 맞추는 것'이다.

모니터링 요원의 교육은 역할 바꾸어 진행하기(role play), 현장 답사하기(pilot test), 가상 평가 결과 비교하기(simulation test) 등의 방법을 활용한다.

모니터링 조사의 현장 평가는 훈련된 Mystery Shopper가 매장을 방문하여 정해진 시나리오에 따라 보고, 듣고, 경험한 내용을 체크리스트 항목별로 평가를 하는 방식으로 진행된다.

모니터링 조사를 종이 설문지 형식으로 진행하는 경우 매장 내 기록은 평가자의 신분이 노출되는 리스크가 있었다. 최근에는 모니터링 체크리스트를 모바일 설문 방식으로 기입하므로 매장 내에서 평가하더라도 평가자가 노출될 리스크가 적다.

그림 19-2 한국리서치 모바일 조사 시스템: MobileCX

한국리서치는 MobileCX 모듈을 활용한 모니터링 조사를 실시한다. MobileCX를 활용하면 서비스 경험 단계와 평가 결과의 입력 단계 사이에 시간적 단절이 없다. 평가 당시의 생각, 느낌, 행위를 소실없이 기록할 수 있고 매장 내부, 외부 환경에 대한 이미지를 기록할 수 있다.

모니터링 요원은 MobileCX를 통하여 매장 내 개선이 요구되는 사항에 대한 정성적 의견을 기록한다. 정성적인 평가의견은 모니터링이 종료된 이후에 모니터링 요원에 대한 디브리핑(debriefing)을 통하여 추가로 수집한다.

Mystery Shopper를 통한 현장 모니터링 평가 결과는 전산 자료로 입력한다. 조사 목적에 따라 경쟁사와 자사의 비교, 오프라인 매장의 지점별 비교 등의 분석 자료를 산출한다. 모니터링 평가의 분석 결과는 일반 보고서와 웹리포트(web Report) 형식으로 작성한다. 고객사의 ERP 시스템에 연동할 수 있도록 제공되기도 한다.

그림 19-3 모니터링 조사의 Web Report 예시

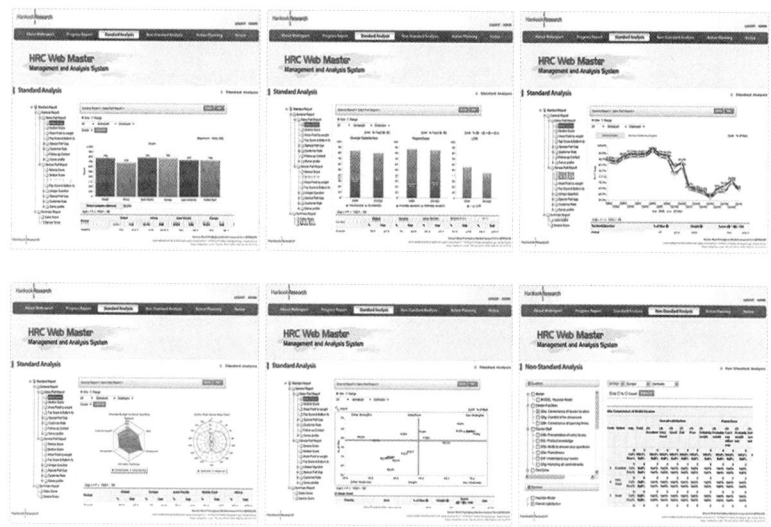

모니터링 조사결과는 고객 경험에 미치는 영향력과 중요도가 높고 경쟁사 대비 차별화되도록 우선 개선할 항목을 구분하여 전략적, 전술적 개선의 매트릭스를 구성한다.

- 우선 개선 속성(Critical Improvement Issues)
- 유지 강화 속성(Leverage/Maintenance Issues)
- Lower Priority for Improvement
- Lower Priority for Maintenance

그림 19-4 모니터링 조사 결과의 전략적 해석

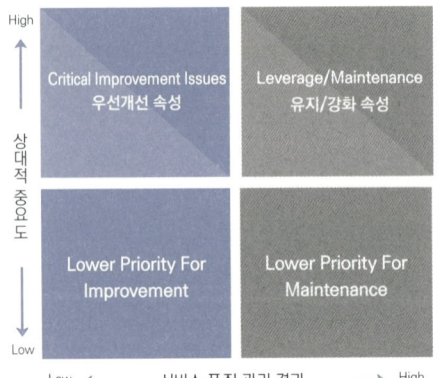

전술적 개선 방향
(TIA: Tactical Improvement Analysis)

: 전략적 개산 방향(Strategic Improvement Analysis)에서 도출된 개선 차원 순으로 각 차원의 속성들을 우선 개선 속성과 유지 강화 속성으로 구분하여 전술적 개선 방향(Tactical Improvement Analysis)을 제시함

맺음말

　온라인 시대에도 오프라인 리테일, 서비스 매장의 고객 경험은 여전히 중요하다. 오프라인 매장의 고객 경험이 브랜드 이미지를 형성하고 브랜드 경험을 확장하는 중요한 채널이기 때문이다. 아마존, 애플과 같은 글로벌 브랜드가 온라인 채널 뿐만 아니라 오프라인 매장을 운영하는 것도 이런 이유이다.

Mystery Shopper를 활용한 오프라인 매장 모니터링은 고객의 관점에서 고객의 눈높이로 고객 경험에 영향을 주는 요소를 점검하고 평가한다. 오프라인에서 고객 접점의 경쟁력을 제고할 수 있는 전략적, 전술적 방향을 제시하는 중요한 조사 방법이다.

PART 10
Voice UX를 통해서 고객과 교감한다

소비자 교감을 위한 대화형 마케팅 플랫폼의 진화

심재웅 한국리서치 혁신연구센터

마케팅 테크놀로지는 20년간 많은 발진을 하였다. 디지딜 기반의 마케팅 채널도 더욱 정교하고 다양한 기술을 선보인다. 마케팅 테크놀로지의 확산과 함께 마케팅 패러다임도 변화한다.

2000년대 이전의 마케팅은 기업의 관점에서 제품과 서비스의 차별적 강점을 알리는데 주력하였다. 2000년대에는 브랜드 파워를 구축하는 마케팅 전략이 인기를 끌었다. 2010년대에는 마케팅 전략의 무게추가 제품의 강점이나 브랜드의 영향력에서 소비자 사용경험과 공유경험을 중시하는 고객지향적이고 소비자 지향적인 방향으로 옮겨가고 있다.

마케팅 패러다임의 변화와 함께 마케팅 커뮤니케이션도 변한다. 2000년대 이전의 마케팅 커뮤니케이션은 전통적인 미디어 채널을 통해서 소비자에게 일방향적으로 메시지를 전달하는 방식이다. 디지털 마케팅 시대의 마케팅 커뮤니케이션은 다양한 온라인 채널을 통하여 쌍방향적인 소통을 하여 공감과 교감을 형성하는 방식으로 변화한다.

'대화형 마케팅'은 마케팅 패러다임과 마케팅 테크놀로지의 변화를 배경으로 등장하였다. 대화형 마케팅은 자동화된 프로그램을 통해서 사람과 사람간에 대화를 하듯이 실시간으로 일대일 대화를 구현하는 커뮤니케이션 방식이다. 대화형 마케팅은 텍스트 기반의 플랫폼이나 보이스 기반의 플랫폼에서 모두 가능하다.

텍스트 기반의 대화형 플랫폼은 모바일 메신저 프로그램에서 챗봇(chatbot)을 활용한다. 보이스 기반의 대화형 플랫폼의 대표적인 사례로는 알렉사 혹은 구글 어시스턴트와 같은 AI 음성인식 기술을 적용한 스마트 오디오 등이 있다.

대화형 마케팅 플랫폼에서 활용되는 챗봇은 사람과의 대화를 구현할 수 있는 기술적 수준에 차이가 있지만 메신저 프로그램 상에서 대화를 주고 받는 기본적인 기능은 동일하다.

그림 20-1 챗봇의 대화형 인터페이스

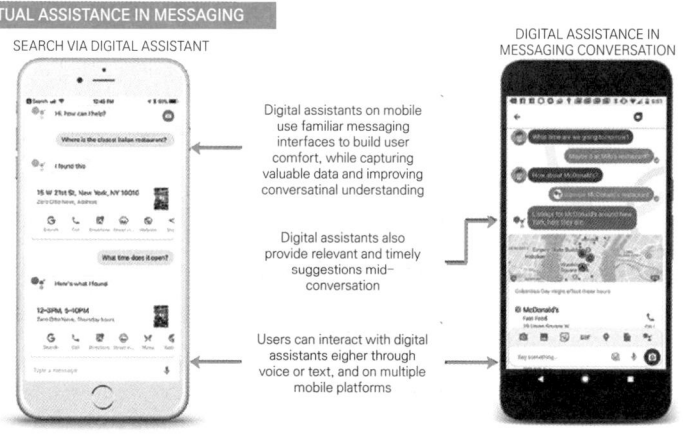

챗봇은 자동화된 프로그램이다. 365일, 24시간 어디서나, 어느 때나 대화가 가능하고 동시에 다수의 소비자와 실시간 대화를 할 수 있는 확장성(scalable)이 있다. 챗봇은 개인화된 맞춤형 대화를 구현할 수 있다. 대화를 잠시 중단하였다 다시 시작하여도 이전의 대화 맥락에 맞는 대화를 이어나갈 수 있다. 챗봇을 활용한 대화형 마케팅의 인터페이스는 직관적이어서 어떤 디바이스나 채널에서도 사용 가능하다.

챗봇을 개발하는 과정은 웹이나 앱을 구축하는 과정과는 다르다. 챗봇을 활용할 범위를 정하고 챗봇의 기본 구조를 설계한 다음에 프로그램 개발과 디자인 작업을 진행한다.

소비자와의 대화나 상담의 사례를 구축한 DB가 있으면 이를 활용하여 대화의 흐름(dialog flow)을 구성한다. 오즈의 마법사(Wizard of Oz)와 같은 가상적인 롤플레잉(role playing) 방법을 통해서 소비자 반응을 점검하고 수정, 보완한다. 이렇게 구성된 대화의 흐름을 연결하여 대화형 설계도(conversational architecture)를 완성한다. 이를 자연어 처리(NLP) 기능을 가진 인공지능 프로그램에 탑재하여 컴퓨터가 스스로 대화를 이해하고 훈련하는 기계학습(machine learning) 과정을 거친다.

챗봇 프로그램이 완성되면 프로토타입(prototype)을 소비자가 실제로 사용하게 한다. 사용과정에서 발견되는 문제점을 보완하고 수정하여 챗봇 서비스를 오픈한다.

연간 매출액이 250억 유로이고 글로벌 화장품 업계의 선두 주자인 로레알(L'Oreal)은 챗봇을 적극적으로 활용한다. 로레알은 70% 이상의 화장품 구매 고객이 다양한 화장품 브랜드와 화장품 정보 속에서 혼란을 겪고 있다는 사실을 발견하였다. 구매 과정에서 제품을 선택하는 데 어려움을 겪고 있음에도 불구하고 3분의 2 이상의 소비자들은 매장 직원의 도움없이 스스로 쇼핑하고 선택하는 것을 선호한다.

로레알의 챗봇은 화장품 소비자에게 피부의 컨디션과 색조 등에 가장 적합한 화장품을 추천하는 서비스이다. 로레알이 출시한 또 다른 챗봇인 기프터(Gifter)는 소비자가 다른 사람에게 선물할 화장품을 고를 경우 선물을 받는 사람과 챗봇을 통해 적절한 화장품을 찾을 수 있도록 도와준다.

그림 20-2 로레알의 챗봇 화면

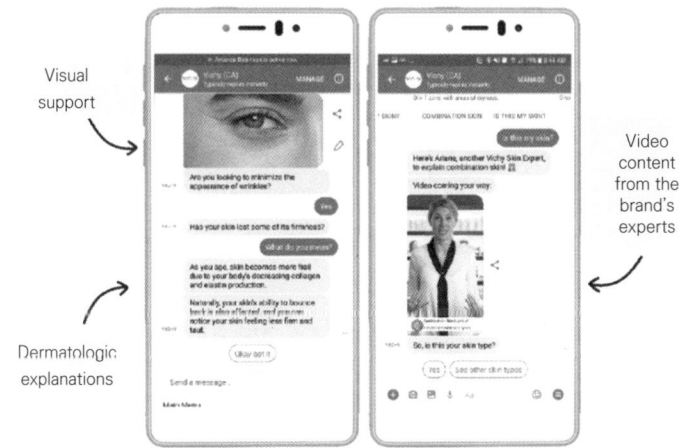

로레알의 챗봇 서비스를 이용한 소비자의 87%가 상품을 추천하는 서비스도 이용하였다. 장바구니에 담은 상품의 갯수도 웹사이트에 방문한 일반 소비자에 비해 74%가 더 많다.

네델란드 항공사인 KLM도 챗봇 서비스를 도입하였다. 고객 여정을 탐색하고 노선을 선택하여 출발 전 이동, 발권, 체크인, 탑승, 도착 후 이동 등 전체 여정과 경로에서 대화를 통하여 상담과 수속 등의 지원이 가능하도록 한다. 챗봇은 금융, 식음료, 리테일, 패션, 항공사, 호텔 등의 많은 기업에서 활용한다.

그림 20-3 KLM의 챗봇을 통한 고객 여정 관리

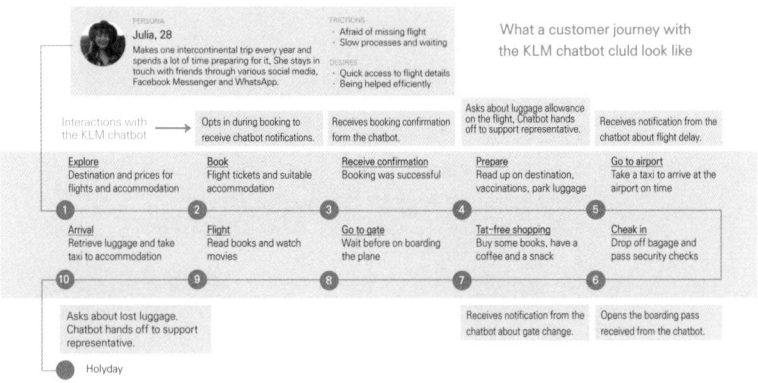

디지털 시대에는 소비자 구매과정이 다르다. 제품이나 서비스를 고르는 탐색과정이 길어지고 소비자가 온라인과 오프라인의 터치포인트를 거친다. 챗봇은 소비자의 탐색과 구매과정에서 그때 그때 필요로 하는 정보와 도움을 언제 어디서나 일 대 일 맞춤형으로 제공한다.

대화형 마케팅은 새로운 컨셉은 아니다. 인류 역사에 시장이 출현한 때부터 대화(conversation)는 거래와 흥정을 매개하는 중요한 채널이다. 21세기에 대화형 마케팅에서 '대화'를 재발견한 것은 메신저 등의 모바일 테크놀로지와 자연어 처리 기술을 발전시킨 인공지능이 결합한 덕분이다.

그림 20-4 디지털 소비자의 온라인, 오프라인 터치 포인트

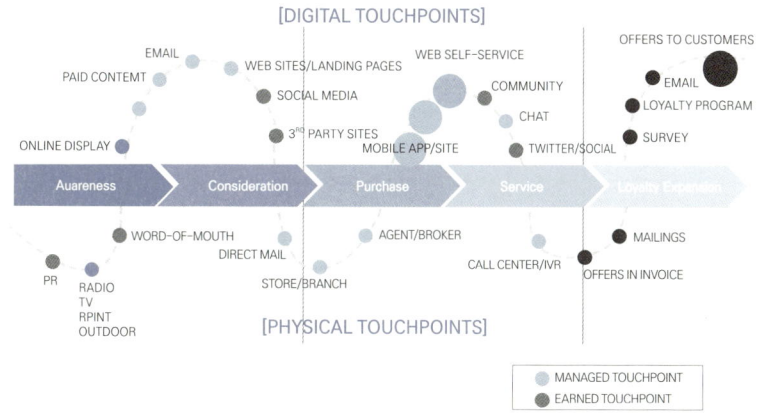

디지털 마케팅의 플랫폼도 웹사이트에서 검색엔진, 소셜미디어, 모바일 플랫폼을 거쳐 보이스 플랫폼으로 진화한다. 제품의 구매와 결제가 같은 플랫폼에서 이루어지는 대화형 커머스(conversational commerce)로 진화할 것이다. 마케팅 패러다임도 프로모션(promotion)에서 커뮤니케이션(communication)으로 변화한다.

시장분석기관인 Gartner도 모바일, 클라우드 퍼스트(Mobile, Cloud First)시대에서 대화형 AI 퍼스트(Conversational AI First)로 변화할 것이라고 전망한다. 대화형 마케팅과 대화형 커머스가 미래에 마케팅 패러다임의 급격한 변화를 선도할 것이라는 예고이다.

소비자 조사를 통한 효과적인 챗봇 서비스의 기획과 설계

21 research note

김봄메 한국리서치 마케팅조사 사업1본부

챗봇은 메신저 플랫폼을 기반으로 컴퓨터 알고리즘을 통해서 상담 고객과 24시간 자동으로 맞춤형 대화를 하는 서비스이다. 챗봇은 일상생활의 대화를 인식하고 응답하는 자연어 처리(NLP) 알고리즘과 기계학습을 통해 대화의 내용과 맥락을 이해하고 응대하는 인공지능(AI)을 결합한 기술이다.

챗봇은 온라인 쇼핑, 은행, 카드, 보험 등 금융회사 또는 병원 등 의료기관에서 서비스 안내, 고객상담, 정보검색 등의 고객서비스 업무를 처리하거나 기업의 사내 업무를 지원하는 분야에서 활용된다.

인공지능과 자연어 처리 기술을 결합한 챗봇은 고객과의 커뮤니케이션 뿐 아니라 개별 고객에게 최적화된 맞춤형 서비스를 안내한다. 보험설계와 같은 복잡한 고객서비스 업무를 수행하는 기능을 갖추어 '인공지능 상담사' 혹은 '인공지능 설계사'의 역할을 수행한다.

효과적인 챗봇 서비스를 구축하기 위한 프로세스

실제 사람과 대화하는 것과 같은 수준으로 자연스럽고 효과적인 챗봇 서비스를 구축하기 위해서는 다음과 같은 과정이 필요하다.

- 챗봇의 용도와 목적을 명확하게 규정한다.
- 챗봇 이용자를 명확하게 분류하고 이해한다.
- 고객서비스 유형별로 대화 플로우(flow)를 구성한다.
- 고객과의 대화를 수집한 자연어 데이터를 축적한다.
- 자연어 처리와 기계학습 인공지능 기술을 결합한다.
- 초기 버전의 완성된 챗봇을 구현하고 테스트한다.

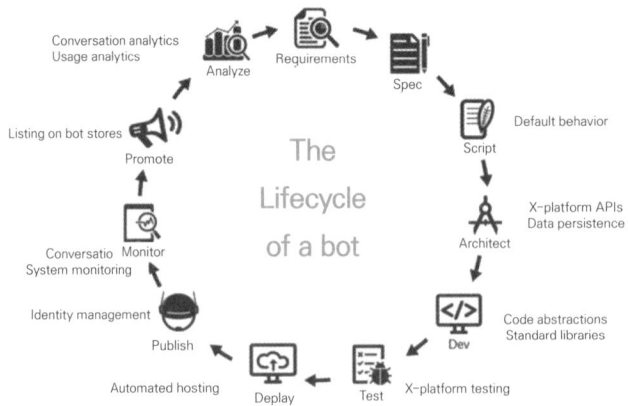

첫째, 챗봇의 용도와 목적을 명확하게 규정한다.

효과적인 고객서비스를 위해 자연스럽게 고객과 대화할 수 있는 챗봇을 구축하는 첫 번째 단계는 챗봇의 용도와 목적을 명확하게 규정하는 일이다. 정보제공을 주 목적으로 하는 챗봇인지 아니면 고객 주문을 처리하는 챗봇인지 혹은 고객의 복잡한 의사결정 과정을 지원하는 응대하는 챗봇인지에 따라 필요한 데이터와 알고리즘 그리고 설계 프로세스가 다르다.

둘째, 챗봇 이용자를 명확하게 분류하고 이해한다.

두 번째 단계에서는 어떤 유형의 고객이 챗봇 서비스를 이용할 것인가에 대한 명확한 이해가 필요하다. 고객 유형에 따라서 고객 서비스의 내용과 전달방식이 달라진다.
불특정 다수의 고객을 대상으로 하는 서비스의 경우에도 주요한 유형을 조사하여 분류하고 각각의 유형에 따라 챗봇의 페르소나(persona)를 구성하여 설계한다.

셋째, 고객서비스 유형별로 대화 플로우(flow)를 구성한다.

세 번째 단계는 고객 서비스의 내용을 분류하여 대화 유형의 전반적인 플로우(flow)를 구성하는 일이다. 대화의 플로우는 고객 상담이나 고객 서비스의 유형에 따라 논리적인 흐름을 구성하거나 실제 서비스 상담에서 발생한 대화의 흐름을 기반으로 구성한다.

대화 플로우를 만드는 작업은 챗봇 서비스의 뼈대를 구성하는 핵심적인 단계이다. 고객 서비스 분야의 담당자가 참여하여 대화 플로우를 실제 상황에 맞게 검토하고 보완한다.

넷째, 고객과의 대화를 수집한 자연어 데이터를 축적한다.

네 번째 단계는 고객과의 실제 대화를 수집한 데이터를 축적하는 단계이다. 고객상담센터를 운영하며 축적한 고객 상담 데이터를 활용할 수도 있고 온라인 게시판이나 소셜 미디어에 올라온 고객상담 데이터도 도움이 된다.

고객상담 데이터는 대화 내용을 그대로 기록한(verbatim) 스크립트가 아니라 고객 상담 유형별로 분류하여 축약된 데이터이다. 콜센터에서 고객 상담 대화를 100% 스크립트로 녹취한 데이터가 있더라도 음성 대화를 문자를 통한 챗봇의 대화 스크립트로 사용하기에는 한계가 있다.

문자를 통한 대화는 축약된 단어를 사용하는 단문인 경우가 많다. 온라인 게시판이나 소셜 미디어의 데이터는 상담 내용의 질문과 답변이 서로 연결되고 지속되는 대화형 문답이 아니라 일회적인 질문과 답변으로 종결되는 경우가 대부분이다.

챗봇 구축 초기단계에서는 시나리오 별로 서로 다른 상황에서 어떻게 대화를 진행하는지에 대한 데이터를 확보하는 것이 관건이다. 소비자 상담 데이터가 부족하거나 적합하지 않은 경우 소비자 조사를 통하여 실제 상황에서 소비자가 사용하는 대화를 수집한다.

챗봇 데이터 혹은 초기 사용자를 통해 습득하는 자연어는 고객 경험의 일부분이다. 초기에 어떤 언어를 습득했는지에 따라 챗봇의 학습 방향성에 큰 영향을 준다.

챗봇이 기능하고자 하는 비즈니스 영역에 대한 자연어 데이터의 구축도 중요히다. '신용키드 혜택'을 안내히는 챗봇을 개발한다면 실제 사용되는 언어와 다양한 표현들이 요구된다.

챗봇의 데이터로 사용되는 자연어는 특정 서비스나 불만 요소에 편중되지 않아야 하고 특정 소비자층에 국한되지 않아야 한다.

자연어 대화 데이터는 시나리오에 따른 상황을 제시하고 메신저 문자의 형식으로 질문하는 내용을 실제의 챗봇이 응답하는 것처럼 응대하는 '오즈의 마법사(Wizard of Oz)' 방식을 활용한다.

신용카드의 예를 들면 실제 상담사와 채팅 상담을 하는 상황의 조사 환경을 조성하고 질문하고 상담하는 소비자 조사를 진행할 수 있다. 이를 통해 '신용카드 혜택' 과 관련하여 실제 상담 상황에서 사용하는 언어 표현을 수집한다. 세부 영역에 대한 질문의 단서(cue)를 제시하고 추가적인 대화 데이터의 수집이 필요한 영역까지 다양한 자연어를 이끌어 낼 수 있다.

'오즈의 마법사' 방식은 챗봇을 통하여 대화할 때 실제로 어떤 방식으로 연속적으로 대화하는지에 관한 자연스러운 데이터를 제공한다. 대화에서 사용하는 단어가 통상 용어를 축약한 단어일 수도 있고 대화의 맥락에서 벗어난 질문을 할 수도 있는 상황까지도 파악할 수 있다.

다섯째, 자연어 처리와 기계학습 인공지능 기술을 결합한다.

챗봇 설계와 구축을 위한 다섯 번째 단계는 실제 대화를 대화의 '속성(entity)'과 '의도(intent)', '맥락(context)'으로 분류한다. 컴퓨터 알고리즘이 이해할 수 있도록 분해하고 조합하는 자연어 처리(NLP, Natural Language Processing) 단계이다. NLP 알고리즘의 핵심은 대회에서 문장의 의미를 이해하는데 핵심적인 단어('속성'), 단어의 조합이 최종적으로 전달하고자 하는 의미('의도'), 해당 문장이 출현하게 된 배경이 되는 이전의 대화('맥락')를 분석하고 매칭하는 것이다.

챗봇의 효율성은 NLP 알고리즘이 매칭할 수 있는 속성과 의도의 목록이 어느 정도 풍부하며 얼마나 잘 매칭하느냐에 달려있다. NLP 알고리즘은 인공지능 기술을 활용하여 대화 데이터를 반복적으로 분석하고 스스로 학습하는 기계학습(machine learning) 과정을 통해서 '다양하고, 실제와 같은, 자연스러운' 언어 표현을 이해하고 대응한다.

여섯째, 초기 버전의 챗봇으로 사용자 경험을 테스트한다.

다섯 가지 단계를 거치면 초기 버전의 챗봇이 완성된다. 완성된 챗봇은 사용자 경험(UX, User Experience) 테스트를 위해서 페르소나 유형별로 설정된 실제 사용자가 경험하게 한다. 챗봇의 사용자 경험을 위한 UX 리서치는 일반적인 UX 리서치와 크게 다르지 않다. 이 단계에서는 챗봇을 사용하는 환경에서 대화를 할 때 어떤 경험을 하는지 어떤 문제가 발생하는지를 확인하고 수정한다.

이 단계에서 유의할 점은 미처 예상하지 못했던 대화의 흐름을 포착하는 것과 소비자가 어떤 기능적, 감성적 피드백을 보이는지에 대한 자료를 수집하는 것이다.

개발자는 서비스 이용, 고객 상담, 정보 제공 등과 같은 기능적 요소에 중점을 두지만 챗봇을 이용하는 소비자는 감성적 경험을 한다. 사람과의 대화에서 감성적 느낌을 경험하는 것과 유사하게 챗봇을 통한 대화도 감성적 교감을 구현할 수 있다.

챗봇이 본연의 기능을 충실히 하고 활용도가 있으려면 정확도는 필수적이다. 챗봇의 자연스러운 대화를 위해서 챗봇에도 퍼스낼리티를 부여하는 것이 필요하다.

현대카드의 챗봇인 '버디(Buddy)'는 친근하고 수다스러운 여성 페르소나인 '피오나'와 예의와 매너를 중시하는 '헨리'라는 남성 페르소나 두 유형이 각각 다르게 응답한다.

- 소비자: "현대카드 뭐가 좋아?"
- 피오나: "우리 친해지면 더 많이 알게 될 거야. 나랑 베프할까?"
- 소비자: "좋은 카드 추천해 줘"
- 헨리: "고객님은 카드를 고르실 때 무엇을 가장 중요하게 생각하세요?

고객서비스를 주 업무로 하는 기업의 경우 챗봇을 통하여 고객에게 브랜드에 대한 감성적 경험을 제공할 수 있다. 챗봇이 브랜드 퍼스낼리티를 형성하고 강화하는 중요한 채널이 될 수도 있다. 미래에는 고객과의 대화를 통하여 감성적 반응을 인식하고 대응하는 챗봇을 구현하는 것도 기술적으로 가능하게 될 전망이다.

맺음말: 챗봇 기획과 개발 프로세스에서 소비자 조사의 역할

챗봇의 기획과 개발 프로세스에서 소비자 조사는 중요한 역할을 한다. 고객의 유형을 분류하고 페르소나를 구성하는데 소비자 조사를 활용할 수도 있다.

자연스러운 고객의 대화 데이터를 구축하려면 고객상담 데이터나 온라인 게시판 데이터로는 한계가 있다. 페르소나 유형별로, 서비스 유형별로 실제로 어떻게 대화하는지에 대한 데이터를 '오즈의 마법사(Wizard of Oz)' 방식의 소비자 조사를 통하여 확보하여야 한다.

완성된 챗봇의 실제 사용자 경험을 조사하고 보완하는 소비자 조사도 필요하다. 챗봇 사용경험에 대한 소비자들의 감성적 반응과 브랜드 퍼스낼리티에 대한 인식도 조사를 통하여 점검할 필요가 있다.

음성인식 사용자 경험 (Voice UX)의 12가지 특성*

강덕용 한국리서치 Innovation 조사사업부

음성인식 서비스와 AI 스피커의 확산

아마존 Alexa, 구글 Assistant, 애플 Siri, 삼성 Bixby 등 인공지능 음성인식 서비스가 빠른 속도로 확산되고 있다. 2019년 현재 구글 Assistant는 전 세계적으로 10억대의 디바이스에 장착되어 있고 아마존 Alexa가 내장된 기기도 1억대인 것으로 집계된다. 음성인식 서비스를 전용으로 하는 아마존 Echo, 구글 Home 등 AI 스피커도 빠른 속도로 보급되고 있다. 우리나라에서도 누구, 기가 지니, 클로바, 카카오 미니 등 10여 개 이상의 AI 스피커가 출시되었다.

AI 스피커의 보급속도는 스마트폰보다 더 빠르게 확산된다. 2018년 기준으로 미국 가정의 25%가 AI 스피커를 보유하고 있고

---

* 이 자료는 '소비자의 변화와 마케팅의 미래'를 주제로 한국리서치 창립 40주년 기념 고객세미나에서 발표된 내용입니다.

6,000만명의 소비자가 사용한다. 미국 소비자의 85%가 이미 음성인식 서비스를 경험하고 사용한다.

음성인식 서비스 사용자의 컨텐츠 이용

AI 스피커 출시 초기에는 소비자가 음악, 날씨 등의 기능을 주로 사용하였다. 지금은 AI 스피커를 보유한 사용자가 평균 7.5개의 기능을 사용하는 것으로 조사되었다.

온라인 검색, 교통상황, 뉴스 확인, 일정 관리, 스포츠, 묻고 답하기의 기능을 사용하는 빈도가 증가추세이다. 전화 걸기, 메시지 보내기, 배달음식 주문, 예약 관리, 쇼핑 활동, 스마트 홈 제어 등의 활동도 늘어날 전망이다.

그림 22-1 음성인식 서비스에서 주로 사용되는 기능

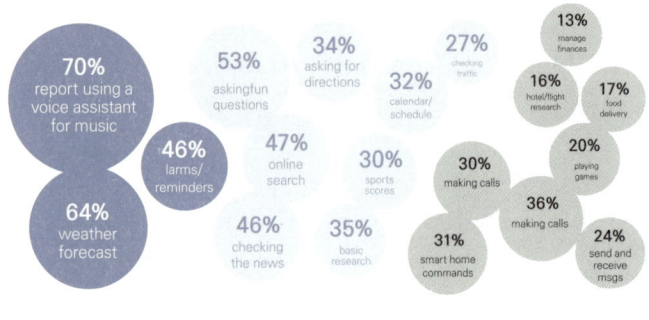

AI 스피커 사용자의 30%는 음성인식 서비스를 통하여 쇼핑을 하거나 상품을 주문한 경험이 있다. 17%는 AI 스피커를 통하여 배달음식을 주문한 경험이 있다.

AI 스피커 사용자의 65%는 음성인식 서비스 사용이 일상화되어 앞으로 스피커 없이는 생활하기 어려울 것이라고 응답할 정도로 긍정적이다. AI 스피커를 보유한 가정의 40%는 2대 이상의 스피커를 보유하고 있어서 AI 스피커는 앞으로도 계속 확산될 전망이다.

음성인식 사용자 경험의 12가지 특성

한국리서치는 지난 수년 간 음성인식 서비스의 사용자 경험에 관한 조사 연구를 하였다. 여기서는 음성인식 서비스에 관한 조사 연구를 통하여 사용자들이 음성인식 서비스에 대하여 어떤 기대와 애로사항이 있는지, 음성인식 서비스의 미래 방향은 어떤 것인지 등 음성인식 사용자 경험의 특성을 12가지 항목으로 정리한다.

음성인식 사용자 경험은 맞춤형으로 구성되어야 한다

음성인식 서비스의 사용 상황에 따라(예를 들면 시나리오, 사용환경 등) 사용방식과 태도가 달라진다. Voice UX는 개별 서비스의 주 사용 상황을 고려하여 설계한다. 사용자 경험의 디자인을 평가할 때 다양한 상황을 가정한 테스팅을 진행할 필요가 있다. 기존에 완성된 음성인식 플랫폼을 도입하는 경우에도 자사의 서비스 특성과 부합하는 사용자 경험을 맞춤형으로 구성한다. 다른 분야에서 성공한 음성인식 서비스라는 이유로 무리하게 자사의 서비스 및 비즈니스에 적용하여 실패하는 경우도 있다.

Humanlike Interaction Experience는 필수적이지 않다

음성인식 서비스를 구현하는 입장에서는 공상과학 영화처럼 기기와 사람이 자연스럽게 대화하는 모습을 기대하지만 아직까지는 기술적으로 완벽한 수준의 자연스러움을 구현하기는 것은 쉽지 않다.

사용자가 음성인식 서비스 기기에서 얻고자 하는 이점(benefits)은 기능과 서비스 그 자체이며 완전한 수준의 인간성을 기대하지는 않는다. 사용자는 필요한 기능과 서비스를 얻기 위해서 음성인식 기기의 사용 언어를 학습하려는 태도를 보인다. 음성인식 서비스 기기에 인간적인 측면을 부각하기 위해 과도한 노력을 들이는 것은 효과가 적다.

음성을 통한 정보 열람의 비효율성을 극복해야 한다

청각 기반의 음성인식 사용자 경험은 시각정보 대비 정보 열람의 효율성이 떨어진다. 음성 정보 열람의 비효율성을 융통성 있게 극복하여야 한다. 문장을 듣는 것보다는 눈으로 읽는 편이 더 빠르고 기억하기 쉽다. 모든 기기 조작과 정보 열람을 음성정보로만 해결하려는 방식은 한계가 있다. 아마존 Echo Show 등 화면을 탑재한 AI 스피커 제품이 출시된 것도 이러한 요소를 반영한 것이다.

사용자들은 음성 정보의 보안성은 취약하다고 인식한다

청각 정보는 시각 정보에 비해서 신뢰도가 낮다. 청각 정보는 타인이 들을 수도 있다는 점에서 보안이 취약하다. 사용자는 눈으로 보고 확인하는 것이 귀로 듣고 확인하는 것보다 더 안심된다.

음성인식 사용자들이 새로운 기능이나 활용법을 알아내기는 쉽지 않다

음성인식 기기에 어떤 새로운 기능이 있는지를 일반 사용자가 파악하기가 쉽지 않다. 사용자가 음성인식 서비스의 전체 기능을 사용하지 않는 이유는 '불필요해서'라기 보다는 '잘 모르거나 잊어버려서'이다. 음성인식 서비스를 개선하고 업데이트하더라도 사용자의 입장에서 어떤 새로운 기능이 추가되고 어떤 서비스가 개선되었는지 알기 힘든 경우가 많다.

음성인식 서비스 Phone Application은 잘 이용하지 않는다

음성인식 서비스의 Phone Application은 초기 사용을 제외하고는 큰 도움이 되지 못한다. AI 스피커 사용자는 스피커를 설치할 때 Phone Application을 이용하지만 이후에는 거의 이용하지 않는다. 음성인식 서비스의 취약점인 시각 정보의 부재를 Application으로 해결하는 것은 한계가 있다.

음성인식 서비스 사용자의 만족도는 높은 편이다

사용자가 음성인식 서비스를 오랫동안 사용하고 적응할수록 음성인식 서비스나 AI 스피커에 대한 만족도는 증가한다. 소비자가 음성인식 서비스의 장기적인 사용을 통하여 긍정적 학습효과를 경험하므로 단기적 사용 경험 보다는 반복 사용 경험을 유도할 수 있는 마케팅 기회의 활용이 필요하다.

음성인식 서비스 사용자는 동일한 오류를 반복하는 경향이 있다

소비자가 음성인식 서비스를 사용할 경우에 다른 조작 유형과는 대조적으로 사용자 스피치 오류, 기기 인식 오류, 주위 소음 오류 등 동일한 오류를 반복하는 경향이 있다. 음성인식 서비스 사용자는 어떤 부분에서 문제가 되었는지 확인이 힘들기 때문에 동일한 문장을 반복하는 경향이 있어서 다양한 명령 발화 방식을 도출하는 것이 반드시 효과적이지는 않다.

음성인식 사용자들은 취향 분석에 부정적 인식을 가지고 있다

소비자들은 사용자의 취향 분석에 기반한 서비스에 부정적인 인식을 가지고 있다. 소비자는 음성인식 기기가 제안하는 서비스에 대해서 정확도를 신뢰하지 않으려는 성향이 강하다. 음성인식 기기는 사용자의 취향과 선호에 대해서 '디바이스가 틀릴 수도 있다'는 겸손한 입장을 가지는 것이 더 설득력있게 인식된다.

음성인식 서비스의 디자인에는 변수가 많다

음성인식 서비스의 디자인에는 많은 변수가 존재한다. 때로는 매우 복잡하고 비논리적이어서 높은 수준의 완성도를 가진 프로토타이핑 (평가 컨셉 시안 만들기)이 어렵다.

사용자 평가는 오즈의 마법사(Wizard of Oz) 방식 혹은 Role Playing 방식으로 진행되는 것이 효과적이다. 이 때문에 Role Playing을 하는 모더레이터는 Voice UX 디자이너로서의 역량이 매우 중요하다.

음성인식 사용자 경험 평가 시 기존의 평가 속성에 얽매이지 않아야 한다. 청각 기반의 음성인식 사용자 경험은 시각 기반의 사용자 경험과 크게 다르기 때문이다.

완성도 높은 서비스를 제공하기 보다는 빠르게 출시한 후 수정을 거듭하는 Agile 프로세스가 훨씬 효과적이다. UX 디자인의 체계의 초기 완성도를 너무 높게 구성하면 이후에 수정 작업을 더 어렵게 만드는 부작용이 있다.

음성인식 제어는 아직은 일방향적이다

AI 스피커를 이용한 IoT 기기의 음성인식 제어는 현재 시점에서 일방향적이다. AI 스피커를 통해서 개별 기기에 사용자의 명령을 전달되기만 할 뿐이고 각 IoT 기기의 상태를 파악하여 대응하기까지는 아직 미흡한 수준이다.

음성인식 서비스의 국내 시장은 우리가 상대적으로 유리하다

음성인식 서비스의 국내 시장에서는 우리가 선발주자이다. 시각 정보 기반 사용자 경험대비 음성인식 서비스의 언어적 특성으로 글로벌 기업보다는 국내 개발사들이 상대적으로 유리한 위치에 있다.

맺음말

스마트폰이나 AI 스피커를 통환 소비자의 음성인식 서비스 경험은 계속적으로 확산될 전망이다. 음성인식 서비스를 통한 소비자의 브랜드 탐색과 음성 쇼핑 행동이 증가함에 따라 음성 인식 서비스는 소비자에게 차별화된 브랜드 경험을 제공하려는 기업의 마케팅 전략에서 중요한 핵심요소가 될 것이다.

PART 11
고객서비스로 새로운 고객경험을 창출한다

애프터 서비스의
고객 경험과 감성 응대

23 research note

한우석 한국리서치 혁신연구센터

애프터 서비스와 소비자 사용 경험

디지털 시대의 고객여정(customer journey)에서는 소비자 구매 경로(purchase path)에 못지않게 소비자 사용 경험이 중요하다. 소비자는 제품을 구매한 이후에 사용 경험을 소셜미디어를 통해서 다른 소비자와 공유하고 전파하며 구매결정에 상당한 영향력을 행사하기 때문이다.

이런 관점에서 보면 애프터 서비스는 소비자의 사용 경험에서 중요한 위치를 차지한다. 애프터 서비스는 제품을 사용하는 과정에서 발생하는 문제를 해결하여 부정적인 요소를 해소하는 과정이기 때문이다.

소비자 관점 애프터 서비스는 제품 사용의 불편함을 해소하는 과정이다. 브랜드 관점에서 보면 애프터 서비스는 자사 브랜드의 품질에 대한 보증을 만회하고 브랜드의 약속을 이행하는 과정이기도 하다.

애프터 서비스는 고객이 경험하는 문제를 해소하는 과정이므로 만족 혹은 불만족 경험은 브랜드에 대한 소비자의 인식에도 상당한 영향을 준다.

소비자는 브랜드에 대한 부정적인 경험을 타인과 공유하거나 소셜미디어를 통하여 전파한다. 만족스런 애프터 서비스를 경험한 고객은 브랜드에 대한 긍정적인 인식을 강화한다.

애프터 서비스는 소비자에게 기대 이상의 경험을 제공하여 브랜드에 대한 신뢰를 재확인시키고 브랜드와 소비자간의 유대감을 강화하는 중요한 접점(touchpoint)이기도 하다.

TV 서비스 고객을 대상으로 동일 브랜드의 TV를 구매할 의향을 조사하면 서비스 만족도가 '높은' 고객은 로열고객과 비슷한 수준의 제구매의향률(35%)을 보인다. 애프터 서비스 만족도가 '매우 높은' 고객은 재구매하겠다는 의향이 55%로 로열고객의 재구매 의향률(36%)에 비해 20% 포인트 가까이 높다.

그림 23-1 애프터 서비스 경험과 브랜드 재구매 의향

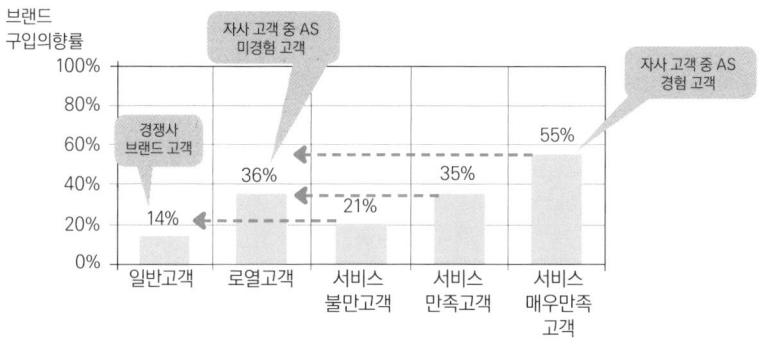

애프터 서비스 경험에 영향을 주는 요소

애프터 서비스 경험에 영향을 주는 요소에는 서비스 접수, 서비스 방문 시간, 서비스 기사, 서비스 소요 시간, 서비스 결과 등 문제 해결에 직접 연관되는 프로세스가 포함된다.

애프터 서비스를 구성하는 각 프로세스가 소비자의 서비스 경험에 대한 만족도에 미치는 영향력을 회귀분석을 통해서 추정하면 서비스 결과와 서비스 시간의 영향력이 beta 값을 기준으로 0.366과 0.284로 가장 비중이 크다. 문제가 발생할 경우 고객은 신속하고 확실하게 그 문제를 해결해 주는 것을 가장 중요하게 생각한다.

표 23-1 각 서비스 요소가 전체 서비스 만족에 미치는 영향력(2018)

	B	SE	beta	t
상수	2.923	0.498		5.866
수리접수	0.080	0.006	0.078	12.940
방문시간	0.114	0.007	0.110	16.082
수리기사	0.056	0.008	0.048	7.124
수리시간	0.277	0.007	0.284	40.704
수리결과	0.356	0.006	0.366	55.695
감성응대	0.088	0.006	0.092	14.045

$R^2=0.678$

애프터 서비스 경험에서 감성 응대의 역할과 비중

[표 23-1]에서 보면 애프터 서비스의 경험에서 감성 응대가 차지하는 비중은 상대적으로 작은 것처럼 보인다. 감성 응대가 애프터 서비스 만족도에 미치는 영향력은 beta 값을 기준으로 0.092이어서 다른 요소에 비해서 상대적으로 작다.

감성 응대와 애프터 서비스 만족도간의 단순 상관계수(r)를 계산하면 0.632로 매우 높은 수준인데 비하여 회귀분석을 통하여 추정한 감성 응대의 영향력 추정치(beta)가 상대적으로 작은 이유는 무엇일까? 감성 응대와 서비스 만족도간의 상관계수와 회귀분석으로 추정한 beta 값의 차이가 크다는 것은 감성 응대가 서비스 만족도에 미치는 영향력이 간접적 경로로 전달된다는 점을 시사한다.

감성 응대가 서비스 만족도에 미치는 모든 경로(path)를 포함하는 모델을 적용하면 감성 응대의 직접적인 영향력 뿐만 아니라 간접적인 영향력을 포함한 총 영향력을 추정할 수 있다. [그림 23-2]는 감성 응대가 서비스 만족도에 미치는 직, 간접적인 모든 영향력을 추정하는 구조방정식 모형(structural equation modelling)이다.

[그림 23-2]를 보면 감성 응대가 서비스 만족도에 직접적으로 미치는 영향력(0.092)은 작지만 서비스 접수(0.558), 방문시간(0.595), 서비스 기사(0.641), 서비스 기간(0.612), 서비스 결과(0.593)에 영향을 주는 경로계수의 추정치는 매우 높다. 애프터 서비스에 대한 만족도를 결정하는 요인으로 감성 응대의 영향력이 다른 서비스 요인을 통해서 전달된다는 것을 확인해주는 결과이다.

그림 23-2 감성 응대의 구조방정식모델

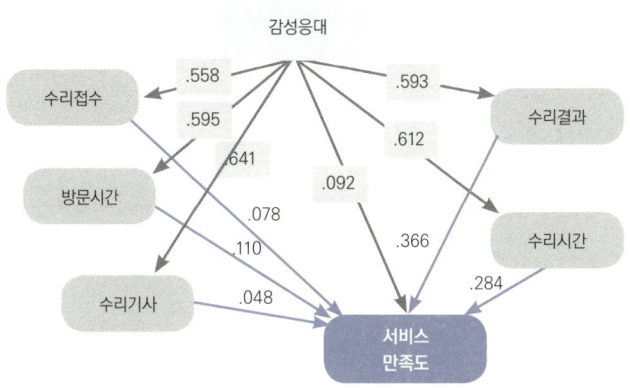

표 23-2 애프터서비스 구성요소의 상대적 영향력

	경로계수	상대적 영향력 (%)
수리접수	0.078	5%
방문시간	0.110	7%
수리기사	0.048	3%
수리시간	0.284	18%
수리결과	0.366	23%
감성응대	(직접) 0.092 (간접) 0.531	39%

애프터 서비스 만족도에 영향을 주는 요인을 분석한 구조방정식 모델에서 서비스 구성요소의 경로계수를 비교하여 상대적 영향력을 집계하면 감성 응대의 비중이 39%로 가장 높고 그 다음은 서비스 결과(23%), 서비스 시간(18%)의 순으로 집계된다.

애프터 서비스에서 감성 응대가 왜 중요한가

제품 사용에서 문제에 직면한 고객은 신속하고 깔끔한 문제 해결을 원한다. 그러나 적절한 대응이 따를 경우에는 서비스가 다소 지체되더라도 심리적으로는 서비스의 지연을 인식하지 않을 수 있다.

불가피한 이유로 서비스 지연이 예상될 경우 수리 지연의 이유를 사전에 설명하고 양해를 구하거나(excuse call), 주기적으로 서비스 진행 상황에 대한 정보를 제공(feedback)하는 감성적 행동은 서비스 지연에 대한 인식을 변화시키고 불만을 최소화한다.

서비스 결과에 대한 인식도 마찬가지이다. 서비스 전 과정에 걸쳐 최선을 다하는 모습을 보이거나 서비스 이후 체크리스트를 사용하여 해당 문제 이외에 다른 문제도 확인하는 서비스 기사의 감성적 행동은 고객으로 하여금 해당 문제는 당연히 잘 해결되었을 것으로 인식하게 하고 서비스 결과에 대해 만족도를 높인다.

서비스에 대해 불만이 생길 우려가 있을 때 적절한 감성 응대는 고객 불만을 상당 부분 해소할 수 있다. 감성 응대가 서비스의 불만을 해소하는 방식으로 간접적으로 서비스의 만족을 높이며 감성 응대의 기능적 역할에 해당한다.

감성 응대는 서비스 전체 과정에 적용 가능하다. 서비스 기사가 방문 예정 시간 전에 고객에게 연락하여 방문을 사전 고지하는 행동은 서비스 기사에 대한 긍정적 인식을 높이고 서비스 전반에서 불만 요인의 발생 가능성을 줄인다.

서비스 결과와 시간에 문제가 없다 하더라도 서비스 기사의 불친절 등 부정적인 상황이 발생하면 고객은 시간이나 결과에 관계없이 불만을 느끼고 브랜드에 부정적인 행동을 취한다. 반대로 기사나 접수원으로부터 기대 이상의 응대를 받는다는 인식이 형성되면 고객은 시간과 결과에 관계없이 서비스에 만족을 느낀다.

이러한 응대는 서비스 행위에 대한 인식의 변화를 일으키지 않으면서도 고객의 만족수준에 영향을 미치는 감정적 감성 응대이다.

감정적 감성 응대는 '매우 만족' 혹은 '매우 불만'이라는 극단적인 고객 경험을 일으킨다. 서비스 시간과 결과에 문제가 없을 경우 고객의 기억에 남을만한 친절한 태도는 서비스에 대해 매우 높은 만족을 느끼게 하며 해당 브랜드에 대한 긍정적인 행동을 유발한다.

그림 23-3 애프터 서비스의 기능적 감성 응대와 감정적 감성응대

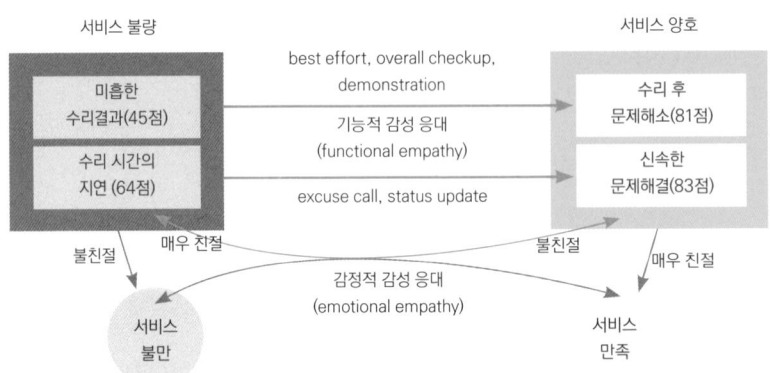

서비스 고객 만족 제고를 위한 로드맵

애프터 서비스를 제공하는 기업이 가장 먼저 해야 할 사항은 불만 고객을 최소화하는 것이다. 이를 위해서 고객만족에 큰 영향력을 행사하는 수리시간과 수리결과에 대한 불만을 줄여야 한다. 기업은 문제 재발생률과 수리시간을 주요 관리지표(KPI)로 사용한다. 그러나 수리결과와 수리시간 관리가 어려운 상황이 발생한다면 기능적 감성 응대를 통해서 불만을 최소화할 수 있다.

불만 고객의 문제가 해소되어 서비스에 대해 만족하는 수준이 되면 다음 단계로 고객의 만족 수준을 극대화할 수 있는 방안을 모색해야 한다. 서비스에 만족하는 고객은 해당 제품을 재구입할 가능성이 높지만 타인에게 적극적인 추천 행동은 하지 않기 때문에 '침묵하는 만족자(silent satisfied)라 불린다. 이들이 매우 만족 고객으로 변화하면 타인에게도 적극 추천한다.

만족고객을 매우 만족고객으로 만드는데 가장 효과적인 행동은 고객의 기대를 넘어서는 긍정적인 사건을 경험하게 하는 것이다. 기대 이상의 사건은 '매우 친절한 행동'일 수도 있고 고객이 기분 좋게 받아들일 수 있는 작지만 기대하지 않았던 사건일 수도 있다.

그림 23-4 서비스 고객의 만족 제고를 위한 로드맵

매우 만족 고객
서비스에 매우 만족하는 고객은 본인만이 아니라 타인에게도 해당 제품의 구입을 적극 추천한다.

만족 고객
서비스에 만족하는 고객은 스스로는 만족해서 재구입을 할 수 있으나 적극적인 추천 행동은 하지 않는다

- 기억에 남을만한 천절
- 기대 이상의 처리 속도

- 사후 문제 재발생 방지
- 수리 지체 방지
- 감성응대를 통한 불만 해소

불만 고객
서비스에 불만족인 고객은 타인에게 부정적인 언급을 할 가능성이 높다

문제 해결을 위한 서비스는 이탈 가능성이 있는 고객의 손실을 최소화할 뿐만 아니라 브랜드에 대한 충성심을 더 높일 수 있는 중요한 계기로 최대한 활용하여야 한다. 고객 서비스에서 기능적 감성 응대와 감정적 감성 응대는 그만큼 중요한 역할이 있다.

24

research note

연결된 소비자 경험을 확장하는 고객 서비스의 진화: 글로벌 '테크놀로지 기업'과 '럭셔리 브랜드'

정호영 한국리서치 혁신연구센터

고객 서비스의 진화 : 문제 해결에서 고객 경험 관리로

고객 서비스는 소비자 경험 여정의 마지막 단계의 하나이다. 고객 서비스는 기업이 마케팅 활동을 하고 판매를 하는 세일즈 과정 이후에 발생하는 불만과 문제를 처리하는 단계이다. 고객 입장에서 브랜드에 대한 신뢰를 가지고 제품을 구매하면 별다른 문제가 발생하지 않는 한 고객 서비스를 경험할 기회는 많지 않다.

최근 들어 고객 서비스에 대한 소비자 행동이 변화하고 있다. 소비자는 고객 서비스를 통하여 사후적 문제 해결뿐 아니라 적극적으로 새로운 경험을 하기를 원한다. 이런 소비자는 제품에 문제가 없더라도 고객 서비스를 이용한다. 고객 서비스가 소비자 불만이나 제품의 문제 해결이라는 전통적 서비스 영역을 넘어서 제품 사용 경험을 확장하고 브랜드에 대한 관계를 돈독히 하며 새로운 제품에 대한 탐색 기회도 제공하는 쪽으로 진화한다.

고객 서비스의 환경도 변화한다. 고객 서비스에 대한 욕구는 다양해지고 디지털 시대에 소비자의 브랜드 경험은 온라인과 오프라인의 공간에서 다양한 채널을 통하여 연결되고 공유된다. 공유된 고객 경험은 다른 소비자의 브랜드 선택과 구매 여정에 영향을 주는 선순환 과정으로 반복된다.

고객 서비스 제공 방식도 적극적인 방향으로 변화하고 있다. 가장 큰 변화는 서비스 센터 및 콜센터 중심의 전통적 채널 이외에 인터넷, SNS, 홈페이지, 챗봇이나 이메일 등 디지털 채널을 결합한 옴니채널을 통하여 소비자 경험 여정의 단계별 니즈에 기반한 통합적 서비스 체계로 나아가는 것이다.

통합적 경험관리로서의 고객서비스

통합적 경험 관리로 이행하는 고객 서비스 사례로 '글로벌 테크놀로지 기업'(A 브랜드)과 '글로벌 럭셔리 브랜드'(R 브랜드)가 제공하는 옴니채널 기반의 연결된 서비스 경험 사례를 살펴본다.

두 사례 모두 고객 서비스에서 새로운 소비자 경험의 확장을 적극적으로 고려하며 디지털 채널-콜 센터-서비스 센터를 연결하는 옴니채널 서비스를 제공한다는 공통점이 있다. 테크놀로지 기업인

A 브랜드는 홈페이지, 이메일, 온라인 커뮤니티와 같은 디지털 채널을 더 많이 활용한다. 럭셔리 상품을 판매하는 R 브랜드는 오프라인 서비스 센터에 더 중점을 두고 옴니채널 경험을 제공한다. 공통점과 차이점을 가진 두 사례를 비교하여 고객 서비스를 통하여 '연결된 소비자 경험의 확장'이라는 전략적 목표를 어떻게 최적으로 실행할 수 있는지 탐색하고자 한다.

고객 서비스 이해를 위한 두 가지 틀 :
소비자 경험 여정의 연결과 확상

새로운 고객 서비스를 이해하기 위해서는 두 가지 분석틀이 필요하다. 기업이 고객 서비스를 통하여 어떤 소비자 경험을 제공하려고 하는가 어떤 서비스 목표를 추구하고 있는가를 이해하기 위한 틀이 필요하다. 기업이 구현하고자 하는 서비스 경험을 어떠한 방식으로 고객에게 전달하는가 즉 서비스 실행 프로세스와 구체적 수단을 이해하기 위한 틀도 필요하다.

그림 24-1 확장된 고객 서비스의 전략적 목표

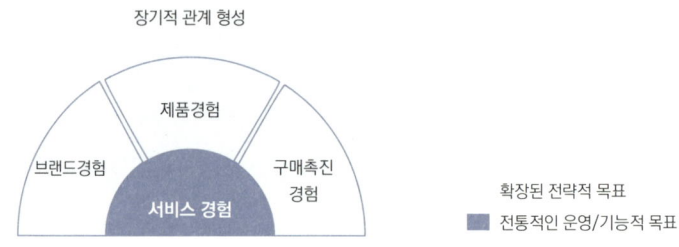

고객 서비스의 목표는 불만의 해소 및 제품이나 서비스에 관련된 문제의 해결이다. 서비스의 개념은 운영적(operational), 기능적(functional) 측면에 비중이 있다. 선도 기업들은 고객 서비스를 통하여 보다 큰 전략적 목표도 동시에 추구하는 방향으로 진화하고 있다.

고객의 문제를 기술적으로 해결하는 것을 넘어서 고객의 심층적 니즈까지 이해하고 대응하여 적극적이고 긍정적 관계를 형성하는 계기로 만드는 것이다. 서비스를 받는 고객과 브랜드의 새로운 신뢰 관계를 구축하고 고객이 제품의 기능을 충분히 활용할 수 있도록 지원하고 재구매와 타인 추천으로 연결되는 장기적 고객 관계 구축이라는 목표를 지향한다.

그림 24-2 연결된 소비자 경험 여정

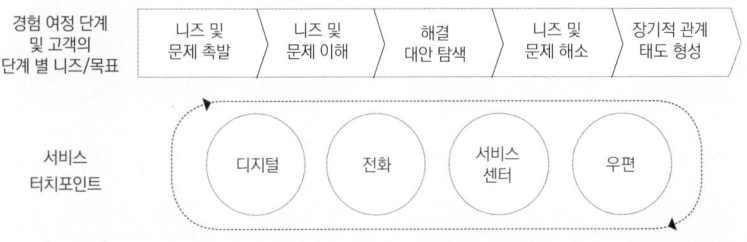

고객 서비스의 목표를 고객에게 전달하는 방법은 고객의 니즈에 기반한 소비자 경험 여정과 서비스 터치포인트를 효과적으로 설계하고 실행하는 것이다. 소비자 경험 여정은 일반적으로 니즈의 발생, 문제의 원인에 대한 이해, 해결 대안 모색, 해결 단계를 거친다. 마지막으로 해결 결과는 물론 과정에 대한 평가를 통하여 브랜드와의 장기적 관계에 대한 태도를 형성하는 단계로 이루어진다. 기업이 각 단계별 목표와 니즈를 충족시킬수록 소비자 경험의 가치는 높아지며 기업의 전략적, 운영적 목표도 효과적으로 달성할 수 있다.

소비자 경험 여정은 서비스 터치포인트의 경로를 따라 진행된다. 전통적인 서비스 터치포인트는 서비스 센터와 콜 센터이다. 디지털 시대 옴니채널이 기능해짐에 따라 서비스 터치포인트도 이메일, SNS, 채팅, 브랜드 홈페이지, 인터넷, 제3자 홈페이지 등 디지털 터치포인트가 활용되고 온, 오프라인 터치포인트의 연계와 시너지가 중요하다.

서비스 관련 고객 니즈는 문제 해결로부터 고객 경험의 모든 단계로 확대된다

　기업의 서비스 목표와 실행 수단의 변화를 구체적으로 탐색하기 전에 서비스 관련 고객 니즈 및 문제의 촉발이 어떻게 변화되고 있는지를 살펴보는 것이 필요하다.

- '출고 준비 중' 인데 오늘 출고가 가능할까요? - 제품 인도
- 스마트 배터리 충전 시간은 얼마인가요? - 제품 이해
- 전화 수신 시 사진 크기를 어떻게 조정하나요? - 제품 활용
- 블루투스 연결이 안되는데 고장인가요? - 제품 고장 여부
- 충전 단자가 찌그려졌는데 수리 비용은? - 제품 파손 처리
- 배터리가 부풀었는데 보증 기간 지났다는 말만 합니다.
  - 서비스 불만 공유
- 채** 상담사님 칭찬합니다! - 서비스 만족 공유

　글로벌 테크놀로지 기업인 A 브랜드의 홈페이지에 올라온 항목들은 고객의 서비스 관련 니즈가 얼마나 다양한지를 보여준다. 고객의 질문은 제품 인도 시기, 제품에 대한 궁금증, 제품을 더 잘 활용하기 위한 방법, 고장 여부에 대한 질문, 파손 수리 비용, 문제 처리에 대한 불만, 서비스 경험에 대한 공유까지 고객 경험의 모든 사이클을 아우른다. 고객의 니즈가 제품 관련 경험의 모든 사이클을 포함한다면 기업의 서비스 범위도 확대되어야 한다.

'글로벌 테크놀로지 기업' (A 브랜드): 디지털 중심 옴니채널 및 제품 경험 제고 목적의 연결된 서비스 경험

A 브랜드의 고객 서비스는 고객들이 제품이 가진 장점을 최대한 활용할 수 있도록 제품 경험 강화에 초점을 둔다. 디지털 터치포인트를 중심으로 온, 오프라인의 채널을 통합한 옴니채널 서비스를 제공한다. 이러한 고객 서비스 전략은 디지털에 능숙하고 지적이고 전문적인 타겟 고객의 특징에 기반을 둔 것이다. 동시에 정제된 브랜드 및 제품 경험을 제공한다는 A 브랜드의 전략적 목표에서 비롯된 것이다.

그림 24-3 A 브랜드의 서비스 목표 및 고객 경험 여정

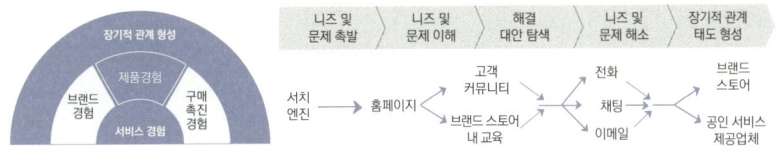

A 브랜드의 고객 서비스 목표가 문제 해결은 물론 고객의 제품 경험 강화에 중점을 둔다는 점은 고객 서비스 홈페이지의 구성에서도 확인할 수 있다. A 브랜드 홈페이지의 고객 지원 섹션에서는 고객이 선택할 수 있는 제품 카테고리가 직관적 아이콘으로 최상단에

표시된다. 한 제품을 선택하면 제품 사용 관련 정보들이 순서대로 제공된다.

- 제품 'A' OS 업데이트하기
- 제품 'A' 초보 사용자
- 데이터 옮기기
- 제품 'A'로 할 수 있는 작업 알아보기
- 제품 'A' 한층 더 다양하게 활용하기
- 배우고, 창작하고, 영감 얻기
- 브랜드 스토어에서 참여형 세션 안내

이 예제들은 고객이 브랜드 A의 제품을 어떻게 하면 더 잘 사용할 수 있는지를 해당 기업의 디지털 및 오프라인 터치포인트를 활용하여 알려주는 것이 고객 서비스의 우선 순위임을 보여준다.

고객 경험 제고를 위한 정보를 온라인 및 오프라인 브랜드 터치포인트를 통하여 제공하는 것은 제삼자가 제공하는 정보에 의존할 필요를 줄이기 위한 것이다. 그 저변에는 브랜드 및 제품에 대한 고객 경험을 일관성 있게 관리하고자 하는 A 브랜드의 전략이 자리하고 있다. 고객의 문의 사항 처리, 상담원 연결, 보증 처리, 오프라인 수리 서비스와 같은 전통적 서비스 항목들에 대한 안내는 제품 경험에 대한 지원의 순서로 제시된다.

서비스 실행 솔루션으로 A 브랜드의 고객 경험 여정은 디지털을 통한 자기 학습 및 이해를 지원하고 전문가에 의한 온라인 문제 해결을 제공하며 마지막으로 오프라인 서비스로 연결되도록 구성된다. 연결된 고객 경험을 지원하기 위한 터치포인트는 검색어, 홈페이지, 디지털 고객 커뮤니티, 전화, 채팅, 이메일, 브랜드 스토어 및 공인 서비스 제공 업체의 네트워크를 활용한다.

A 브랜드의 서비스는 인터넷에서 'OO 서비스'를 검색하는 것으로 시작한다. 어떤 검색 엔진을 사용하든 검색 결과 최상단에 'OO 공인서비스센터'나 'OO 고객지원'이 나타난다. 어느 항목을 선택하더라도 브랜드 홈페이지 상의 고객 지원 섹션으로 연결한다. 그 섹션에서는 우선 고객들에게 발생하는 주요 사안들에 내하여 A 브랜드가 제공하는 정보를 표시한다. 추가로 'OO 고객 지원 커뮤니티'라는 디지털 고객 커뮤니티를 통하여 고객 간 상호 질의 및 응답이 가능하도록 지원한다.

디지털을 통한 셀프 서비스로 고객의 니즈나 문제를 해결하지 못하면 후속적으로 서비스 전문가들이 전화, 채팅 및 이메일을 통하여 원격으로 문제 해결을 지원한다. 디지털 지원, 전문가의 원격 지원으로도 문제가 해결되지 않으면 브랜드 스토어 및 공인 서비스 제공 업체 네트워크를 통해 오프라인 서비스를 제공한다.

'글로벌 럭셔리 기업' (R 브랜드) :
오프라인 중심 옴니채널을 활용한 브랜드 신뢰 구축의 연결된 소비자 서비스 경험

글로벌 럭셔리 기업인 R 브랜드의 서비스는 브랜드와 제품 품질에 초점을 둔 오프라인 중심의 옴니채널 서비스이다. R 브랜드는 서비스 과정에서 고객이 프리미엄 브랜드에 대한 신뢰를 충분히 '체험'할 수 있도록 한다. 서비스의 목표는 신품에 가까운 품질 회복이다. 서비스 전달 방식은 오프라인 서비스 센터를 중심에 두고 온라인 터치포인트들을 통합하는 옴니채널 여정을 채택한다.

서비스 과정이 종료된 후에는 서비스 고객에 대하여 지속적인 지원을 제공한다. 장기적 고객 관계 구축을 유도하여 서비스를 브랜드-제품-구매-고객 지원의 통합적 경험으로 전환한다. 오프라인 중심 서비스의 특징은 럭셔리 소비자라는 한정된 타겟 고객을 대상으로 내구성과 신뢰성을 특장점으로 하는 프리미엄 브랜드의 성격을 반영하는 것이다.

그림 23-4 R 브랜드의 서비스 목표 및 고객 경험 여정

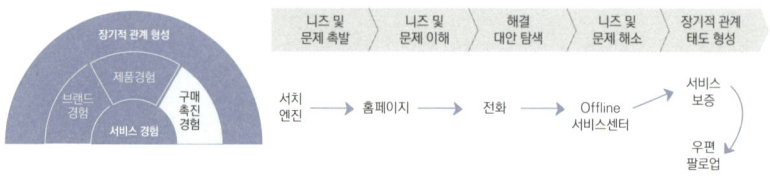

서비스의 전략적 목표 측면에서 R 브랜드는 고객 서비스를 프리미엄 브랜드 이미지와 품질을 전달하는 기회로 활용한다. 브랜드 홈페이지의 정보와 디자인은 럭셔리 브랜드의 프리미엄 품질에 초점을 두고 관리한다. 오프라인 서비스 센터는 수적으로 많지 않아 접근성이 떨어지지만 위치는 브랜드 위상에 맞는 장소에 자리한다. 서비스 센터 내부의 디자인도 품격과 고객의 쾌적함을 고려하여 브랜드 정체성과의 일관성을 갖추고 있다. 서비스 센터 내 직원이나 디지털 디스플레이 또한 전통, 품질, 신뢰성, 프리미엄을 지속적으로 강소한다.

R 브랜드 고객 서비스의 운영적, 기능적 목표 측면에서는 고장수리가 아니라 신품 수준의 품질 회복을 추구한다. 상담 과정에서 직원은 "새로운 제품을 만들어 준다", "주기적 관리를 받고 제대로 사용하기만 하면 품질은 영원하다", "(고객이 원하는 것과는 다르더라도) 서비스 품질을 위해서는 비용이 발생하더라도 부품 수리가 아닌 교체가 정책이다"와 같은 내용을 지속적으로 강조한다. 정책에 맞는 서비스를 받으면 제품을 인도할 때 2년 간의 무상 서비스 보증을 제공한다. 이것도 품질 회복을 최우선으로 하는 목표와 자신감을 반영하는 것이다.

제품 활용을 강조하는 A 브랜드와 달리 프리미엄 품질 회복을 최우선으로 하는 R 브랜드의 고객 서비스는 오프라인 서비스 센터를 중심에 둔다. 여기에 검색 엔진, 브랜드 홈페이지, 전화와 같은 한정된 온라인 터치포인트들을 통합하는 방식이다. 고객 여정의 흐름은 검색 엔진에서 'OO 서비스'를 검색하는 것으로 시작되고 브랜드 홈페이지의 서비스 섹션을 거쳐 서비스 센터와 전화 상담을 한 후 센터 방문으로 이어진다. 홈페이지는 비주얼 디자인은 훌륭하지만 제공되는 정보는 서비스 절차 및 20여 가지의 자주 묻는 질문으로 한정적이다.

고객이 자신의 사안에 꼭 맞는 자세한 정보를 얻기 위해서는 서비스 센터에 전화를 걸어야 한다. 서비스 직원은 일차적 상담을 제공한 후 더 상세한 제품 진단과 상담을 위한 서비스 센터 방문을 권유하여 오프라인 서비스를 적극적으로 유도한다. 서비스 센터 방문을 통하여 고객이 브랜드와 제품에 대한 신뢰와 프리미엄 가치를 체험할 수 있도록 하기 위함이다.

R 브랜드의 또 한 가지 특징은 서비스가 완료된 후 고객과의 장기적 관계를 구축하여 지속적 성장의 기반으로 활용한다는 것이다. 서비스가 완료되면 R 브랜드는 2년 간의 무상 서비스 보증을 제공한다. 연말이 되면 새해의 신상품 카탈로그를 우편으로 보내준다. 브랜드 경험과 서비스 경험을 환기시키고 추가 구매를 유도하는 것이다. 고객 서비스를 경험한 소비자에게 새로운 브랜드 경험을 지속해서 유지하고 강화하는 기회로 활용한다.

맺음말

고객 서비스는 문제와 불만을 해결하는 운영적 또는 기능적 목표 이외에 브랜드와 제품에 대한 신뢰도를 높이고 고객 충성도를 강화하며 재구매 및 타인 추천을 이끌어내는 전략적 목표(strategic goal)도 동시에 지향하는 통합적 경험 관리로 진화하고 있다.

새로운 고객 서비스를 효과적으로 실행하기 위해서는 고객 서비스를 통하여 어떤 소비자 경험을 제공하려고 하는가 어떤 서비스 목표를 추구하고 있는가를 분명히 해야 한다. 고객 서비스 경험을 브랜드와 그 제품을 사용하는 소비자의 특성에 맞게 어떠한 방식으로 소비자에게 전달할 것인가를 선택해야 한다.

PART 12
자동차 애프터마켓 시장을 탐색한다

자동차 애프터마켓 마케팅·영업 전략 수립을 위한 한국리서치·GiPA 글로벌 신디케이트 조사

research note 25

김현우 한국리서치 마케팅 조사 2본부

자동차 애프터마켓 시장의 범위

자동차 애프터마켓(aftermarket)은 소비자가 차량을 구매한 이후에 자동차를 운행하는 과정에서 사용하는 자동차 관련 부품 시장과 서비스 시장을 모두 포함한다.

자동차 애프터마켓 부품시장은 차량용 액세서리(accessories), 차량 외관 관련 제품(appearance products), 윤활유와 타이어 등 소모성 부품(lubricants and tires), 고장 수리를 위한 교체 부품(replacement parts)으로 구성된다.

자동차 애프터마켓 서비스 시장은 수리 서비스(service repairs), 운행정보 시스템(telematics, navigation), 차량내 엔터테인먼트

(entertainment)시스템으로 구성된다. 넓은 의미의 자동차 애프터마켓에는 주유, 보험, 할부금융, 세차, 중고차, 리스 등도 포함한다.

그림 25-1 자동차 애프터마켓의 범위

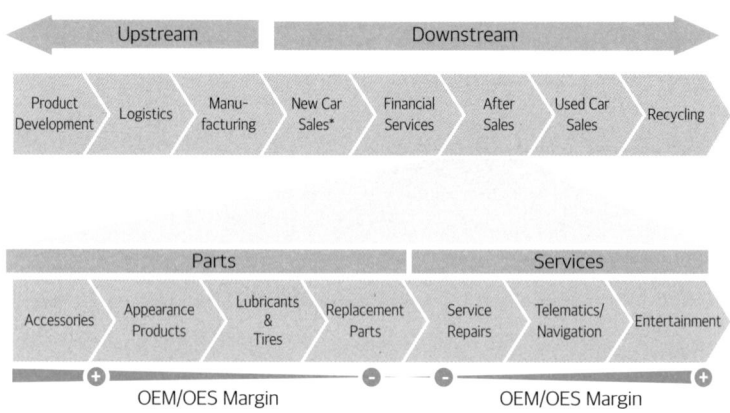

자동차 애프터마켓 시장의 규모

글로벌 컨설팅 회사인 McKinsey는 자동차 애프터마켓의 세계 시장 규모를 2017년 기준 8천억 유로로 추정한다. 향후 10여 동안 매년 3%씩 성장하여 2030년에는 1조 2천억 유로 규모로 확대될 것으로 전망한다.

미국과 유럽은 향후 10년 간 매년 1.5~1.7%의 낮은 성장율이 예상되지만 중국 등 아시아 시장에서는 매년 6.1~7.5%의 높은 성장율을 보일 것으로 전망한다. 2030년에 아시아 시장에서 자동차 애프터마켓의 규모는 4천3백억 유로로 확대되어 미국과 유럽 시장의 규모를 넘어설 것으로 예상한다.

그림 25-2 자동차 애프터마켓의 시장규모와 시장전망

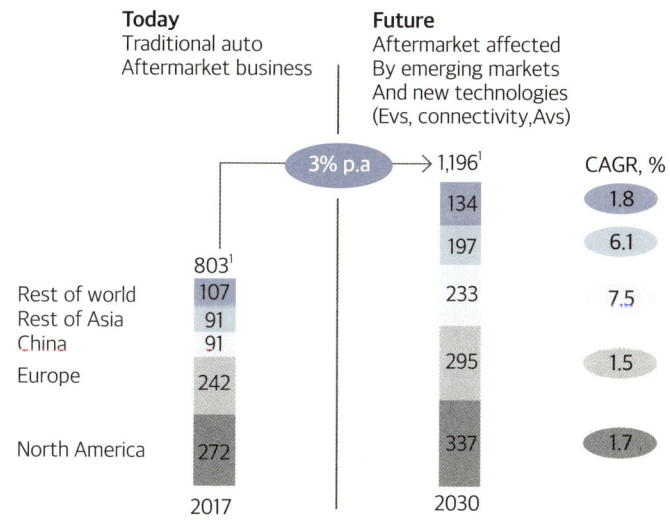

전 세계적으로 운행 중인 차량은 12억 대로 추산된다. 자동차 애프터마켓의 시장은 운행중인 차량이 계속 증가하고 운행중인 차량의 연간 주행거리가 늘어나며 소모성 부품의 교체 수요가 많은 5~6년 이상의 연식을 가진 차량의 숫자가 증가함에 따라 계속 성장할 것이다.

전기자동차의 비중이 커지고 지능형 자동 운행 기술을 적용한 모델이 늘어나고 내비게이션 등 실시간 운행정보 시스템이 도입되며

차량 내 엔터테인먼트 시스템이 보급됨에 따라 자동차 애프터마켓의 시장도 확장될 전망이다.

우리 나라 자동차 애프터마켓은 품목별 매출액 기준으로 보면 교체 수리용 부품, 타이어, 엔진오일, 차량용 내비게이션, 자동차용 액세서리용품 등의 비중이 가장 크다. 국내 3대 제조사가 전체 내수용 타이어 시장의 90% 이상을 차지한다. 프리미엄 제품을 중심으로 성장세를 보이는 엔진오일은 국내 시장에서 4개 제조사가 경쟁을 하고 있다.

차량용 내비게이션 시장은 OEM 제조사가 출시하는 대부분의 신차 모델에 내비게이션이 장착되고 스마프폰을 이용한 차량용 내비게이션 앱이 확산됨에 따라 시장 규모가 감소하는 추세이다.

자동차 애프터마켓을 위한 글로벌 신디케이트 시장조사

성장 추세에 있는 자동차 애프터마켓에서 기업이 경쟁우위를 확보하려면 자사 제품과 서비스를 경쟁사와 대비하여 차별화하고 브랜드 가치를 높이며 고객 경험을 최적화하는 전략이 필요하다. 소비자가 자동차 애프터마켓 제품과 서비스를 제품을 언제, 어디에서, 어떤 경로로 인지하고 구매하며 어떠한 제품 사용 경험을 하는지에 대한 정량적 데이터가 필요하다.

한국리서치는 2018년에 자동차 애프터마켓 전문회사인 GiPA와 제휴하여 글로벌 신디케이트 시장조사를 우리 나라를 포함하여 전 세계 30여개 국가에서 실시하고 있다.

자동차 애프터마켓 타겟고객의 구매행태과 니즈를 정확하게 이해하기 위한 글로벌 신디케이트 조사는 운전자와 정비업체 및 자동차용 부품 판매 업체를 대상으로 하는 ATO 조사(Annual Trends Observatory)와 PAD 조사(Panorama Aftersales Data)가 있다.

ATO 조사는 자동차 산업 규모가 큰 주요 국가에서 매년 시행되고 있으며 시장 규모가 작은 국가에서는 2~4년에 한 번씩 PAD 조사를 시행한다.

자동차 애프터마켓 운전자 조사

자동차 애프터마켓 신디케이트의 운전자 조사는 자가용 운전자 1,000명을 대상으로 대면면접(face-to-face interview)으로 진행한다. 운전자는 성별, 연령, 직업, 지역, 도시 규모와 자동차 차급에 따른 쿼터를 적용하여 선정한다.

운전자 조사의 주요 조사 문항은 다음과 같다.
- 차량 보유 & 운전자: 운전자 프로파일
- 차량 기본정보: 제조회사, 연식, 주행 거리, 법인 여부 차량
- 운전자의 운행 패턴

- 자동차 부품 카테고리별 직접 교체, 구매후 교체, 전문가 대행
- 자동차 수리 서비스 이력에 따른 시장 세분화(정기점검, 부분점검, MOT Test 등)
- 서비스 업체: 방문 빈도, 서비스 기대 수준, 이미지
- 부품 구매채널: 구입 빈도, 기대감, 이미지, 제품 선택 동기

자동차 애프터마켓 채널(channel) 조사

유통 및 서비스 채널(channel) 조사는 판매망 점검을 통한 브랜드 커버리지, 채널별 판매 잠재력, 브랜드 별 시장 점유율, 유통채널의 성과측정 및 분석을 위한 목적으로 실시한다.

유통 및 서비스 채널의 조사대상은 지역별, 자동차 정비, 부품 판매점 타입별로 쿼터를 부여하여 자동차 정비 서비스와 부품 판매점의 현장 책임자, 매니저 500명이다.

2018년 서비스 채널 조사에서는 현대 블루핸즈, 기아 오토큐 등 국내 자동차 메이커 직영 정비소, 개인 사업장 정비소(1급/2급/3급), T스테이션, 타이어프로 등 타이어 전문점이 포함되었다.

자동차 애프터마켓 채널 조사의 조사 문항은 다음과 같다.
- 차량 각 채널별 구조 파악
- 서비스 제공 업체 프로파일과 구입 채널
- 서비스 시설 및 장비
- 서비스 채널 및 부품별 취급 내역

- 부품 공급 업체 선택 동기 및 기대치
- 부품별 공급업체, 공급 업체 만족도
- 부품 선정 및 주문 방법

자동차 애프터마켓 신디케이트 조사의 자료화면

자동차 애프터마켓 신디케이트 조사는 채널별 시장 점유율, 브랜드 점유율, 브랜드 성과 분석 등 마케팅, 영업 목표를 설정하거나 성과를 평가하고 전략을 수립하는 정보를 PC 기반의 온라인 화면과 스마트폰 기반의 모바일 화면으로 실시간 인터액티브 방식으로 제공한다.

PART 13
의료시장의 잠재력을 탐색한다

HealthCare Markets

전문의약품(ETC) 시장조사를 위한 의사패널

26 research note

김경현 한국리서치 Healthcare조사 사업부

전문의약품 시장의 확대와 제약산업의 경쟁구조

우리 나라의 의약품 시장 규모는 2016년에 21조 7,256억원을 기록하였다. 전문의약품(ETC) 시장 규모도 확대되어 2017년 원외 처방 조제액 기준으로 상위 20개 회사의 매출액은 5조 4천 600억 원이다.

전문의약품 시장은 그동안 오리지널 의약품을 보유한 외국계 제약회사가 주도하였지만 최근 특허기간이 만료되어 제네릭 의약품을 생산하는 국내 제약사의 경쟁도 가속화되고 있다.

2017년 자료를 보면 상위 20개 전문의약품 제약사 중에서 국내 제약사는 12개 회사이며 총 처방액은 3조 2,072억원을 기록했다. 반면 외국계 전문의약품 제약사의 총 처방액은 8개 회사를 합하여 2조 2,530억원이다.

인구 고령화가 지속되면서 전문의약품에 대한 수요가 증가하고 건강보험에서 의료급여의 범위를 확대함에 따라 전문의약품 시장은 커질 것으로 전망된다. 정부가 건강보험 재정의 안정화를 위하여 제네릭 의약품에 대한 약가 인하 정책을 본격적으로 시행하면서 가격 압박 요인도 발생한다.

시장상황의 변화에 대응하여 국내에 진출한 외국계 제약사나 국내 제약사 모두 R&D 투자를 확대하고 새로운 신약 라이센스 도입을 추진하고 전문의약품 시장에서의 경쟁우위를 확보하기 위한 마케팅 전략을 강화하는 추세이다.

ETC 시장의 환경변화에 따른 조사 수요의 확대

전문의약품 시장조사는 의사(전문의/일반의)들의 처방 유형을 파악하는 U&A(Usage and Awareness) 조사가 대부분이었다. 최근 들어 전문의약품 제약사의 마케팅 전략을 위한 조사의 수요는 다음과 같이 다양하다.

- "임상 3상이 끝난(또는 예정된) 신약이 있는데 판권 판매를 위한 시장성 자료를 제공해 줄 수 있는가?"
- "새로운 개념의 약물을 해외에서 도입해 판매하고 싶은데 국내에서 시장성이 있는지 확인이 가능한가?"
- "제품 판매 허가를 받을 제품을 비급여로 판매하고 싶은데 가격은 어느 정도가 적정한 수준인가?"

- "의사 결정을 위해 전문의들의 의견이 필요한데 통계적으로 충분한 의견을 신속하게 취합해 줄 수 있는가?"

전문의약품 제약사의 조사 수요에도 불구하고 ETC 시장조사는 쉽지 않다. 전문의약품 조사는 전문가들의 견해를 듣는 조사이다. 응답 내용이 전문지식을 요구한다는 점에서 일반인을 대상으로 하는 설문조사와 차이가 있다.

우리 나라 임상의들은 인터뷰나 설문조사에 응대하기에 시간적 여유가 없다. 국내 임상의 수는 인구 천명당 2.2명으로 OECD 국가들 중 가장 낮고 의사 1인당 진료 환자수는 세계에서 가장 많아서 진료시간에 시간을 내어 1:1로 만나기가 어렵다.

또한 의사를 대상으로 하는 설문조사는 다국적제약사협회 공정경쟁규약에 따라 응답시간과 응답사례금에 관한 규정을 준수해야 한다.

한국리서치는 의사 대상의 조사에 따르는 어려운 조건을 극복하고 정확하고 신뢰성있는 조사자료를 제공하기 위해 전문의약품 조사를 전담하는 합자법인인 플라메드 코리아(Plamed Korea)를 설립하고 의사 패널을 구축하여 운영한다.

한국리서치 의사패널:
31개 전문진료과목 일반의/전문의 13,316여명

한국리서치 의사패널은 각급 의료기관의 31개 전문진료과목에 소속된 13,31명의 일반의와 전문의로 구성된다.

표 26-1 한국리서치 의사 패널

	전체 패널수	병원 (Hospital)	의원 (Clinic)
전체	13,316	10,593	2,723
내과	4,476	3,543	933
외과	2,729	2,661	68
기타 진료과	6,111	4,389	1,722

한국리서치의 의사 패널은 다음과 같은 과정을 통하여 구축하였다.

한국리서치는 2006년도부터 매년 평균 70~80여건의 ETC 관련 정량조사의 90%이상을 온라인 조사로 수행하며 조사에 참여하는 임상의, 전문의들과 래포(rapport)를 형성하고 패널로 구축하였다.

패널에 가입한 의사들을 활용하여 동료 의사들을 소개 받아 패널로 확보하기도 하고 병원이나 HIRA 홈페이지 등을 통하여 개인정보활용 동의를 받아 추가적으로 패널을 모집했다.

표 26-2 한국리서치 의사 패널 모집 및 관리 프로세스]

> 기존 조사에서 Rapport가 형성된 의사들 패널 전환
> 모든 패널 가입자 개인정보활용 동의서 작성
> 기존 가입 의사 패널에게 주변 의사 소개 받아 패널 모집
> 병원 혹은 HIRA 홈페이지 등을 활용하여 유선으로 모집
> 패널 정보는 한국리서치 정보 보안 내규에 따라 암호화해서 관리
> 패널 정보에 접근할 수 있는 관리자 제한으로 정보 유출 방지
> 모든 패널 관리 절차는 개인정보보호법에 의거 관리
> - 제3자에게 패널을 특정할 수 있는 개인 정보 제공 엄격 금지
> 매년 정기적(년 2회)으로 활성 여부 확인을 위한 자체 조사 수행
> - 년 1,000만원 이상의 자체 조사 예산 투여

의사 패널을 이용한 조사는 2014년에 20건, 누적 참여 패널 의사수 709명에서 2017년 각각 73건, 3,825명으로 늘었다. 2018년 9월 현재 누적 표본 수는 이미 2017년을 넘어섰다. 의사 패널을 활용한 시장 조사는 앞으로도 꾸준히 증가할 것으로 예상한다.

의사 패널의 장점: 높은 응답률, 빠른 실사기간, 비용 효율성

의사 패널을 활용한 전문의약품 조사의 장점은 무엇인가? 면접원을 이용한 일반 시장조사와 비교하면 패널을 이용한 조사의 응답률이 높고 실사 기간이 단축된다. 별도의 면접원이 필요하지 않기 때문에 면접원에 의한 1:1 대면면접보다 비용면에서 20% 이상 절감된다.

면접원을 활용한 1:1 대면면접 방법은 면접원에 의존하기 때문에 신뢰할 수 있는 응답률이나 발생률(incidence rate)을 파악하는 것이 어렵다. 의사 패널을 이용하면 정확한 응답률을 확인할 수 있고 발생률(예를 들면 바이오시밀러를 처방하는 의사의 비율)을 통계적으로 추정할 수 있다.

패널에 속한 의사의 입장에서 보면 본인이 원하는 곳에서 언제든지 조사 시스템에 접속해서 응답할 수 있다. 조사 도중에 일시 중단하였다가 계속 이어서 응답할 수 있기 때문에 조사에 참여하는 데 불편을 느끼지 않는다는 장점이 있다.

의사 패널을 활용하면 전문의약품에 대한 조사 이외에 신디케이트 조사도 가능하다. 한국리서치에서는 <Biologics 처방 Trend 제공 서비스> (H-BioTracker)와 <백신 사입 및 처방 Trend 제공 서비스> (H-VaccineTracker) 등의 신디케이트 조사 프로그램을 시행 중이다.

패널조사는 응답자들이 자발적으로 조사에 응해주기로 하였기 때문에 패널의 유지율(retention rate)도 95% 이상으로 높아서 장기적으로 안정적인 조사자료의 산출이 가능하다.

다음 자료는 의사 패널을 활용한 조사의 실제 응답률과 실사기간을 정리한 표이다.

표 26-3 의사 패널 활용 조사 실제 응답률 및 실사기간 사례

프로젝트명	표본 수	응답률 (%)	실사기간 (Working Day)
치료제 가격 시나리오 조사 (Price Scenario Acceptance Study)	130	86.7	7일
바이오시밀러 인식 및 사용경험 조사	200	80.0	7일
골다공증 U&A Tracking 조사	234	78.0	10일
금연치료제관련 의사 조사	200	66.7	10일
의약외품 사용량 파악을 위한 조사	200	66.7	7일
CT 조영제 U&A 조사	30	60.0	7일
뇌전증 조사	27	45.0	7일
OO제약회사에 대한 인식 조사	77	30.8	10일
피부과 전용 제품 인지도 조사	200	20.0	7일
무릎 관절 통증 조사	50	14.3	5일
임상 지단 환경에서 질량 분석기 (mass spectrometers) 잠재성 평가	23	11.5	10일

의사 패널은 전문의약품 시장 환경 변화에 대응할 수 있는 조사 Solution이다

전문의약품 시장은 점차 확대되는 추세이고 국내외 제약사들의 경쟁도 치열해질 전망이다. 전문의약품 시장에서 신약을 도입하는 데는 그만큼의 높은 불확실성과 위험성을 내포하고 있다. 이러한 위험성을 낮추고 시장 성공의 확실성을 높이기 위해 신속하고 신뢰할 수 있는 정확한 시장 정보가 필요하다.

의사 패널은 전문의약품 시장에 대한 정보를 신속하고 정확하게 제공할 수 있는 효과적인 솔루션이다. 기존의 조사 이외에 여러 가지 방법이 복합된 유형의 조사까지 어떠한 조사 유형에도 활용할 수 있다.

27 research note

헬스케어 4.0, 의료서비스 품질은 어떻게 측정하나 : 환자 중심 의료서비스 경험의 측정방법

이주연 한국리서치 사업6부
백재훈 한국리서치 사업6부

우리 나라의 의료비 지출은 1990년 7조원에서 2016년 125조원으로 17.7배 이상 증가하여 GDP 대비 7% 이상을 차지한다. 증가속도도 연평균 6.7%로 OECD 평균 2.1%의 3배 이상이다.

국민 1인당 외래진료를 받은 횟수는 연간 17.0회로 OECD 평균(7.4회)보다 2.3배 높다. 입원환자 1인당 평균 재원일수도 18.1일로 OECD 평균재원일수(8.3일)보다 2.8배 높다.

의료서비스 이용과 의료비 지출이 증가하는 만큼 의료서비스의 품질도 좋아지고 있나? 건강보험심사평가원에서는 한국리서치와 함께 전국 500병상 이상 규모 종합병원에 입원한 경험이 있는 환자를 대상으로 환자경험평가를 실시하였다.

'환자경험평가'란 의료서비스의 품질을 환자중심의 관점에서 측정하는 의료서비스 평가제도이다. 기존의 의료서비스 적정성 평가가 질환 분야의 의약학적, 비용효과적 측면의 평가라면 환자경험평가는 의료서비스를 이용한 환자들이 직접 평가했다는데 의미가 있다.

환자 중심 의료 (Patient Centered Care) 패러다임

환자경험평가는 의료서비스에 '환자 중심 의료'라는 새로운 패러다임이 도입되었다. 전통적으로 의료시스템은 전문 지식을 독점한 의사가 주도하고 환자는 수동적으로 수용하는 일방적 관계이다. 1980년대 이후에는 환자의 의견과 욕구를 중시하고, 의사와 환자의 소통이 중요하다는 '환자 중심 패러다임'이 등장하고 환자 중심 의료서비스의 품질 측정이 도입되었다.

표 27-1 의사 중심 패러다임과 환자 중심 패러다임 비교

의사 중심 패러다임	환자 중심 패러다임
환자의 수동적 역할(침묵하기)	환자는 적극적 역할(질문하기)
환자는 치료의 대상	환자는 치료계획의 파트너
의사가 대화를 주도한다	의사는 환자의 의견을 경청한다
질병 중심적 의료서비스	환자의 삶의 질 향상이 중심
진료계획에서 환자는 소외됨	진료계획에 환자도 적극 참여

자료: [2017년도 의료서비스경험조사] 보건사회연구원(2017)

미국의학연구소(Institute of Medicine, IOM)는 '환자 중심성'을 '환자개인의 선호, 필요와 가치를 존중하고 그에 맞는 진료를 제공하며 임상적 의사결정에 환자의 가치가 보장되게 하는 것'으로 정의한다. 보건의료체계를 환자중심적으로 운영하면 전반적인 환자만족이 높아지고 치료 효과도 증진된다고 지적한다. (IOM, 2001)

OECD의 많은 국가는 환자중심 의료서비스의 성과지표로 '환자경험지표'를 측정한다. OECD는 2013년부터 환자경험지표를 OECD 보건통계의 보건의료 품질 분야에 수록하고 의료의 질을 크게 '효과성', '안전성', '환자중심성'으로 정의하여 세부 영역별 국가 간 비교결과를 발표한다.

환자 경험 지표 측정의 두 가지 모델

'환자경험지표' 측정은 '환자보고결과측정'(Patient-Reported Outcome Measures, PROM)과 '환자보고경험측정'(Patient-Reported Experience Measures, PREM) 두 가지가 있다.

'환자보고결과측정(PROM)'은 환자의 건강상태, 임상적 결과, 운동능력 삶의 질에 대하여 환자 스스로가 인식하는 수준을 측정하는 것이다. 치료나 수술 전후 2회를 평가하며 운동 능력, 스스로 활동하는 자기관리 능력, 일상활동 상태 등 건강관련 삶의 질을 측정하는 '일반적 치료결과'와 특정 질환과 치료분야에 한정된 '건강상태 특이적 치료결과' 등 2개 부문으로 구성된다.

'일반적 치료설문'은 '걷는데 지장이 얼마나 있는지', '환자 목욕이나 옷을 갈아 있을 수 있는지', '일, 공부, 가사일과 같은 일상활동에 지장이 얼마나 있는지' 등의 내용이다. '건강상태 특이적 설문'은 특정 질환 관련 설문으로 치료 전후의 효과를 비교할 수 있고 환자와 의사가 더 나은 결정을 하고 치료 효과를 모니터링 하는데 도움이 된다. 이 설문은 의료서비스 기관과 공급자의 가시적 효과도 비교가 가능하고 서비스 질 향상이 촉진되며 의료기관의 책임성이 증가되는 것으로 평가한다.

환자보고경험측정(PREM)'은 진료도중 발생한 환자의 경험을 축정한다. "치료 받기 위해 오래 기다렸나요?" "치료 과정에 환자 자신도 관여했다고 생각하십니까?" 같은 질문으로 환자경험을 측정한다. 이를 통해 의료서비스 품질을 높이고 진료과정에 환자의 의견을 반영하여 환자 요구와 기대에 충족하는 의료서비스를 제공한다.

- 선진국의 환자보고경험측정 사례에는 다음과 같은 조사가 있다.
- 미국 HCAHPS* (Hospital Consumer Assessment of Healthcare Providers and Systems)
- 영국 NHS Inpatient Survey
- 네델란드 Consumer Quality-Index

표 27-2 환자보고 치료결과조사(PROMs)와 환자보고 경험조사(PREMs)

구분	환자보고 결과조사 (PROM) Patient-Reported Outcome Measures	환자보고 경험조사 (PREM) Patient-Reported Experience Measures
정의	환자관점에서 본 질병 상해 등 건강상태	환자관점에서 본 진료기간 발생한 일
대상	삶의 질, 증증 정도, 기능상태, 건강상태	의료진 의사소통과 신뢰감, 서비스 적시성
활용	환자 건강상태와 치료 효과 모니터링	서비스 전달체계 모니터링
공통점	설문지를 통해 환자의 관점에서 측정 환자관점에서 진료 및 의료서비스 품질 평가와 개선	

자료: [환자경험조사의 국제 동향: 프랑스, 네덜란드의 사례 중심으로] 보건복지포럼(2016.6)

환자만족(Patient Satisfaction)과 환자경험(Patient Experience)은 어떤 차이가 있나

'환자경험'은 '환자만족'과 어떤 차이가 있나? 환자만족은 환자가 진료를 받는 동안 얼마나 긍정적으로 느꼈는가 등 의료서비스의 결과(outcome)를 측정한다. 환자경험(평가)은 환자가 진료를 받는 동안 의료진과 '소통이 분명하게 이루어졌는가', 혹은 '얼마나 자주 소통했는지' 등 환자에게 영향을 주는 의료서비스의 과정(process)을 측정한다.

환자경험 평가의 항목은 의료진이 환자와 어떻게 소통하는지, 약물치료 전후 이유나 부작용을 설명했는지 등의 질문으로 구성한다. 환자경험(평가)은 사실에 대해 보고하기 때문에 응답자가 문항을 이해하고 평가하기가 쉽다. 조사를 통해 환자경험 제고를 위한 문제점 파악과 구체적 개선 지침을 제공해 줄 수 있다는 장점이 있다.

환자경험평가가 서비스 과정에서 발생하는 의료서비스 질을 측정한다면 환자만족은 진료를 통해 체감한 경험의 총체적 결과인 '만족'을 측정한다는 점에서 차이가 있다. '만족'은 환자의 기대수준과 관련이 있기 때문에 환자의 기대치가 다를 경우 만족 수준의 차이가 있고 주관적인 요소가 강하다.

표 27-3 환자경험과 환자만족 비교

구분	환자경험	환자만족
질 평가 영역	의료서비스 과정(process)	의료서비스 결과(outcome)
측정 방식	Reporting	Rating
장점	구체적 개선 지점	궁극적 목표
단점	개선이 결과향상에 기여한다는 가정	주관적 답변 성향 존재 다른 요인 영향 가능성

자료 : [제2차 환자경험 평가 설명회] 건강보험심사평가원(2019), 재인용

제1차 입원환자경험평가 조사 결과

우리 나라는 2017년 건강보험심사평가원에서 처음으로 14,970명을 대상으로 입원환자경험평가를 도입하였다. 환자경험평가 평가도구는 미국 HCAHPS와 영국 NHS의 설문지, 표적집단토의(Focus Group Discussion), 전문가 델파이 조사, 예비평가를 통해 구성했다. (건강보험심사평가원 및 서울대학교, 2015)

2017년 1차 환자경험평가 조사 대상기관은 상급종합병원 및 500병상 이상 종합병원이다. 대상자는 1일 이상 입원한 경험이 있는

만 19세 이상 성인이며 퇴원 2일에서 8주 이내인 경우로 한정하였다. 평가도구는 입원 중 환자가 경험한 '간호사 서비스', '의사 서비스', '투약 및 치료과정' 등 입원경험 5개 영역과 전반적 평가, 개인 특성 등 총 24개 문항으로 구성하였고 CATI 전화조사로 자료를 수집했다.

그림 27-1 '17년 제1차 환자경험평가 항목별 결과

영역	간호사 서비스 (88.8점)				의사 서비스 (82.3점)				투약 및 치료과정 (82.3점)					병원환경 (84.1점)	환자 권리보장 (82.8점)				전반적 평가 (83.2점)	
항목별 평균 (100점 만점)	89.9	89.3	87.3	88.9	88.8	88.8	74.6	77.0	83.0	81.6	84.1	78.2	84.9	83.1	85.1	87.6	73.0	79.7	84.8	83.8	82.0
항목	존중/예의	경청	병원 생활 설명	도움 요구 처리 노력	존중/예의	경청	의사와 만나 이야기 할 기회	회진 시간 관련 정보 제공	투약/검사 처리 전 이유 설명	투약/검사 처리 후 부작용 설명	통증 조절 노력	질환에 대한 위로와 공감	퇴원 후 주의 사항 및 치료 계획 정보 제공	깨끗한 환경	안전한 환경	공평한 대우	불만 제기 용이성	치료 결정 과정 참여 기회	노출 등 수치감 관련 배려	종합 평가	타인 추천 여부
순위	1	2	7	3	4	5	20	14	16	11	9	13	8	6	21	10	12	15

1차 환자경험평가 결과

1치 환자경험평가에서 집계된 입원환자의 입원경험에 대한 종합 점수는 83.9점이다. 영역별로는 간호사 서비스 영역이 88.8점으로 가장 높고 의사 서비스와 투약 및 치료과정 영역이 각 82.3점으로

가장 낮다. 환자권리보장은 82.8점으로 의사 서비스와 투약 및 치료 과정과 유사한 수준이다.

의사서비스 영역에서 환자 존중과 예의, 친절성은 88.8점으로 높다. 의사를 만나 이야기 할 기회는 74.6점, 회진시간에 대한 정보제공은 77.0점으로 낮다.

투약 및 치료과정에서는 위로와 공감이 78.2점으로 다소 낮다. 환자권리보장에서는 치료 결정과정에 참여할 기회가 79.7점, 불만제기 용이성이 73.0점으로 낮은 수준이다.

이러한 결과는 어떠한 의미가 있나? 우리나라 입원환경은 아직까지 환자가 치료방법을 요구하거나 논의하기 보다는 '치료를 받는' 입장이다. 질문과 대화를 원활히 하기 어려운 전통적인 의사중심 패러다임에 머물러 있고 환자와 의사간 소통(疏通)이 원활하지 않음이 확인된 결과라고 볼 수 있다.

환자경험평가의 시사점

제1차 환자경험평가는 새로운 보건의료정책의 패러다임에서 환자중심성을 기반으로 의료서비스의 품질을 측정하는 의미가 있다. 제2차 환자경험평가에서는 대상 기관이 300병상 이상 병원으로 확대되었고 정확한 의미 전달을 위해 평가도구와 척도를 수정한다. 조사 대상 표본 추출과 기관별 표본 수는 병상규모와 특성에 따라 차

등 적용하며 조사 결과 역시 병원 특성을 고려하여 보정할 것으로 예상된다.

환자경험조사는 대형병원의 입원 환자를 대상으로 하고 있지만 중소병원으로 확대되거나, 외래 진료 등의 의료서비스 이용 환자에게도 적용할 수 있다.

의료서비스가 국민 생활에서 중요한 비중을 차지하는 우리 나라에서 의료서비스 품질을 높이기 위하여 다각화된 환자중심의 경험조사를 국내 실정에 적합한 형태로 적용하고 측정하는 노력이 앞으로도 지속될 필요가 있다.

PART 14
인적자원관리의 새로운 패러다임을 제시한다

HR 4.0 시대, 몰입과 성과에서 경험 중심 패러다임으로: 직원 경험 조사(Employee Experience Survey)

백재훈 한국리서치 사업6부

미국인적자원관리협회(SHRM)는 매년 6월 대규모 컨퍼런스를 개최한다. 금년도 주제는 'Creating Better Workplace'이다. 밀레니얼 세대와 Z 세대가 기업에서 중요한 역할을 수행하고 빅데이터와 기술 발전에 따라 기업의 HR 관리방식도 혁신을 하여야 한다는 의미이다.

한국적 상황도 다르지 않다. 우리 나라도 밀레니얼 세대가 소비계층이면서 가치생산의 주체로 등장하여 HR의 역할과 방향에 대한 검토가 필요하다. 새롭게 등장하는 세대를 바라보고 그에 맞는 기업문화를 구축하는 HR 패러다임으로 직원 경험(employee experience)의 관점을 소개한다.

표 28-1 미국과 한국의 HR 트렌드 (2019)

Future Workplace, [Dan Schawbel]	2019년 한국 HR 트랜드 (HR 협회)
1. Relationship b/w workers and robots	1. 스마트 워크
2. Creating flexible work schedules	2. 애자일(Agile)
3. Taking a stand on social issues	3. 임금체계
4. Improving gender diversity	4. 노사갈등
5. Investing in mental health	5. 워라밸
6. Addressing loneliness of remote workers	6. 절대·상시평가
7. Upskilling the workforce	7. 블라인드 채용
8. Focusing on soft skills	8. 자기 주도 학습
9. Preventing burnout	9. 디지털 HR
10. Preparing for Generation Z	10. 밀레니얼 세대

밀레니얼 세대가 왜 중요한가

우리 나라의 밀레니얼 세대는 1980~2000년 초반 출생한 세대이며 전체 인구의 21%, 경제활동인구의 32%를 차지한다. 밀레니얼 세대는 디지털 기기를 통한 소통 방식에 익숙하고 업무 처리 방식이 기성 세대와 다르며 연공서열과 권위에 기반한 조직문화를 배척하는 경향이 강하다.

표 28-2 전체 인구 중 세대별 구성비

세대특성별	전체 인구 중 구성비		
	합계(%)	남자(%)	여자(%)
18세 이상 Z세대(18~22세)	6	6	6
밀레니얼 세대(23~38세)	21	22	20
X세대(39~54세)	26	27	26
베이비붐세대(55~64세)	16	16	16
기타	31	29	32

*2017년 통계청 인구총조사 기준
**세대구분은 삼정KPMG 경제연구소 [신소비세대와 의식주 라이프트랜드변화]의 기준을 활용

표 28-3 경제활동인구 세대별 구성비

세대특성별	경제활동인구 중 구성비		
	합계(%)	남자(%)	여자(%)
18세 이상 Z세대(18~22세)	3	3	4
밀레니얼 세대(23~38세)	32	32	32
X세대(39~54세)	35	36	35
베이비붐세대(55~64세)	19	20	19
65세 이상	9	9	10

*경제활동인구조사(2018년)
**경제활동인구조사의 연령기준은 5세 단위로 상기 세대구분과 유사 연령대로 그룹화 15세 이상 17세 이하 취업자는 소수로 예상하여, 18세 이상으로 포함

직장 내 신세대는 미국 기업에서도 공통의 관심사이다. 미국에서는 밀레니얼 세대와 Z세대로 인한 변화가 동시에 진행되고 있다는 점이 다르지만 밀레니얼 세대의 사회문화적 특성으로 인한 조직문화의 변화 추세는 우리와 유사하다.

밀레니얼 세대는 새로운 소비자 층으로 부각되고 있다. HR 측면에서는 이전 세대와 다른 집단이고 이질적이고 개성이 강한 세대로 인식되고 조직 내 세대 갈등의 당사자라는 부정적 측면도 있다.

미국과 달리 한국 기업에서는 밀레니얼 세대가 핵심 역할을 하는 지위를 맡고 있는 경우는 아직 많지 않다. 밀레니얼 세대의 스타트업 성공 스토리도 적은 편이다. 밀레니얼 세대는 사회를 주도하는 세대는 아니고 조직 내 영향력도 크지 않다.

그러나 밀레니얼 세대가 미래의 중요한 인적 자원이란 점에서 새로운 세대의 긍정적 영향력에 주목해야 한다. 밀레니얼 세대가 직장에서 원하는 것이 무엇인지 혹은 밀레니얼 세대의 능력과 창의력을 막는 장벽들이 무엇인가를 파악하여 기업의 조직문화를 바꾸는 계기로 활용할 필요가 있다.

직원 몰입(Employee Engagement)에서 직원 경험(Employee Experience)으로

밀레니얼 세대가 주된 역할을 하고 있는 구글, 아마존, 지포스, MS등 선진 기업에서 HR의 패러다임이 변하고 있다. 이들 기업들은 KPI, 성과측정과 보상체계에 기반한 성과관리 패러다임(performance management)을 지양하고 기업문화, 리더십, 경험을 중시하는 '문화에 의한 경영'(management by culture) 중심으로 HR 패러다임의 전환을 모색한다.

기업들이 성과관리 패러다임을 채택한 이유는 KPI에 따른 성과평가와 보상을 통해 조직구성원의 몰입(engagement)이 향상되면 기업의 성과 향상을 극대화 수 있다는 기대에 근거한 것이다.

연구에 의하면 기업이 개인의 성과평가를 객관적으로 하기 어렵고 실적에 대한 평가나 피드백을 통한 개선활동이 제대로 이루어지지 않아서 조직구성원의 몰입 향상 효과나 기업성과 제고 효과가 낮다는 사실이 밝혀지고 있다

밀레니얼 세대의 소식 분화 변화를 연구한 장영균 교수에 의하면 직원의 몰입을 강조하는 성과평가 패러다임은 한계가 있다.

- 업무에 몰입하는 직원(engaged employees)의 숫자를 높이는 것을 목표로 하는 경우 몰입도를 높이는 단기 미봉책으로 직원의 몰입을 유도하는 것에 주력하고 몰입을 방해하는 실질적인 원인 파악에는 소홀한 경우가 많다.

- 몰입도의 평가가 연례 행사처럼 되어 조직구성원의 정확한 몰입 상태를 평가하고 있는지에 대한 의문이 제기된다.

- 몰입도 제고에 관한 개선 사항이 도출되어도 전사적 차원의 계획보다는 부서 단위에서 개별적으로 실행되어 실질적인 효과를 기대하기 어렵다.

- 미국에서 매년 시행되는 직원 몰입도(employee engagement) 조사결과에 의하면 지난 16년 간 수십조 원을 투자했지만 큰 성과가 없다.

그림 28-1 미국의 직원몰입도 조사결과

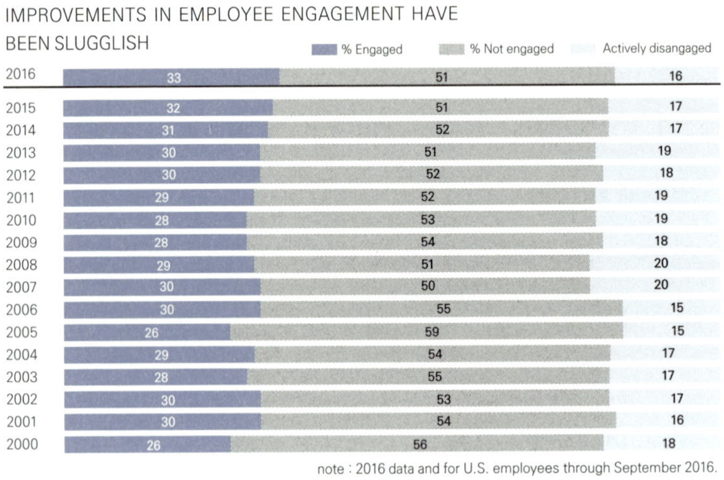

IMPROVEMENTS IN EMPLOYEE ENGAGEMENT HAVE
BEEN SLUGGLISH

연도	% Engaged	% Not engaged	Actively disangaged
2016	33	51	16
2015	32	51	17
2014	31	52	17
2013	30	51	19
2012	30	52	18
2011	29	52	19
2010	28	53	19
2009	28	54	18
2008	29	51	20
2007	30	50	20
2006	30	55	15
2005	26	59	15
2004	29	54	17
2003	28	55	17
2002	30	53	17
2001	30	54	16
2000	26	56	18

note : 2016 data and for U.S. employees through September 2016.

직원 몰입(employee engagement)대신 성과 관리의 주된 요소로 부각되는 개념은 직원 경험(employee experience, EX)이다.

직원경험에 주목해야 하는 이유는 직원의 '일과 삶에 대한 인식의 변화'이다. 장영균 교수는 '일과 삶에 대한 인식의 변화'를 [Employee Model]로 개념화한다.

- 직원은 일을 단지 생계유지수단(Employee Exhausted Model)이 아닌 성장, 행복 등 경험적 가치에 초점을 둔다.
- Work & Life Balance이라는 말처럼 일과 삶의 균형 WLB)을 구분하는 단계(Employee Engagement Model)이다.
- 가치와 경험을 중시하는 밀레니얼 세대와 Z세대가 노동시장의 중심 역할을 하면 일을 경력의 하나가 아니라 인생경험의 의

그림 28-2 Employment Model (2019 SHRM, 장영균)

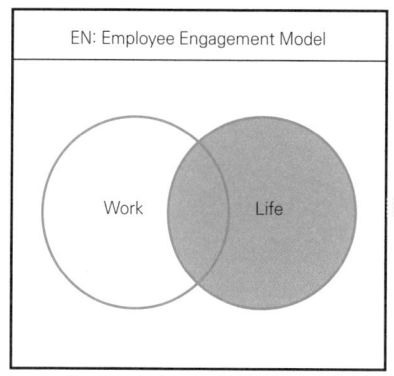
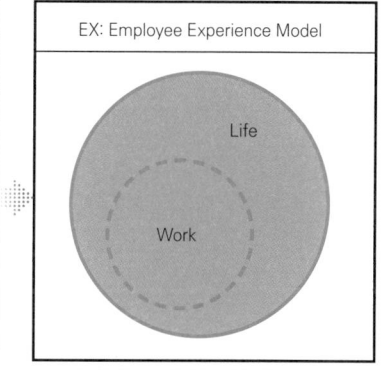

- 일과 삶은 대등하다는 가정
- 일과 삶의 균형(WLB)을 중요시하지만 여전히 직원들의 폭넓은 인생경험(Broader experiences)과 그것의 향유(enjoyment)에 내해서는 침북
- 직무몰입을 율하기 위한 목적이 여전히 조직의 노동생산성 향상에 있고, 이를 위한 HR제도가 개별적이고 미시적으로 작동

- 일은 삶의 중요한 구성요소이지 전부가 아님 (WLI : work-life intergration)
- 경력이 아닌 "인생 경험"으로서 일을 통한 다양한 경험을 중요시함(Deloitt,2018)
- 조직은 직원생애주기(Employee Life Cycle) 전체에 걸쳐 다채로운 경험 기회들을 선사하는 것이 과제

미를 갖는 'work-life integration'로 인식한다. (Employee Experience Model)

WLI(work-life integration) 시대에는 일은 삶의 중요한 구성요소이지만 전부는 아니다. 일은 조직구성원의 경력이 아니라 '인생 경험'의 중요한 일부이다. 직원은 일을 통한 다양한 경험을 중요시하고 기업은 직원생애주기(employee life cycle) 전체에 걸쳐 다채로운 경험 기회들을 제공하는 것이 중요한 과제이다. WLI 시대에는 직원이 체감하는 직장 내 경험을 파악하고 기업이 직원에게 최상의 경험을 제공하도록 업무방식, 기업문화 등을 재설계할 필요가 있다.

그림 28-3 밀레니얼 세대의 특성 (2019 SHRM, 장영균)

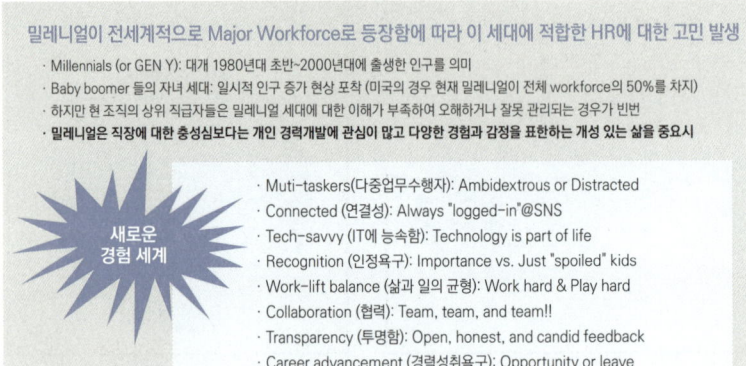

사원 경험 조사(Employee Experience Survey)

HR 분야에서 새롭게 대두되는 직원 경험(employee experience) 패러다임은 마케팅에서의 고객 경험(customer experience) 패러다임과 유사하다. 기업은 '고객 중심 경영'의 구호를 외지지만 제품의 기능적 편익과 새로운 기술의 적용에 초점을 맞추고 고객이 제품을 사용하는 과정에서 느끼는 현장 경험에는 주목하지 않았다.

'제품 차별화'는 판매자 중심적 사고의 대표적 개념이지만 기업이 정의한 차별 방식대로 고객은 인식하지 않는다. 이러한 반성에 기반하여 성품이나 서비스를 구매하기 전, 구매 중, 구매한 후 등 모든 고객 구매 여정에서 겪는 다양한 경험에 주목하는 개념이 바로 CX이다.

그림 28-4 Employee Experience Design

Jacob Morgan은 직원 경험(Employee Experience)을 "Intersection of employee expectations, needs, and wants and the organizational design of those expectations needs and wants" 라고 정의한다.

직원경험설계(EX)란 직원의 관점에서 입사(EX-In), 재직(EX-ON), 퇴직(EX-OUT)까지 직원 생애주기(Employee Life Cycle, EX Stage) 전반에 걸친 주요 순간(MOI, Moment of Impact)에 주목한다. 직원들의 동기부여 상태를 의미있게 유지하기 위한 '경험'이 무엇이고 그것이 조직에 의미하는 바가 무엇인지를 파악하여 핵심경험변수(KEF, Key Experience Factors)를 측정한다. 효과적인 경험설계(EX Design)를 통해 직원들의 긍정적 경험과 행복감이 극대화될 수 있도록 하는 활동을 의미한다(장영균 교수 2019)

MOI(결정적 순간)는 입사, 재직, 퇴직과정 등 직장생활 전반에서 직원에게 긍정적, 부정적 경험을 주는 결정적 순간이다. 직원경험관리의 핵심은 MOI가 언제 어떻게 발생하는지를 확인하고 분석하는 것이다. 핵심경험요인(Key Experience Factors)은 직원이 경험하는 MOI에서 조직과 직무와 직접 연관되는 핵심적인 요소이며 경험 설계의 주된 대상이다.

그림 28-5 Employment Experience 진단 Framework

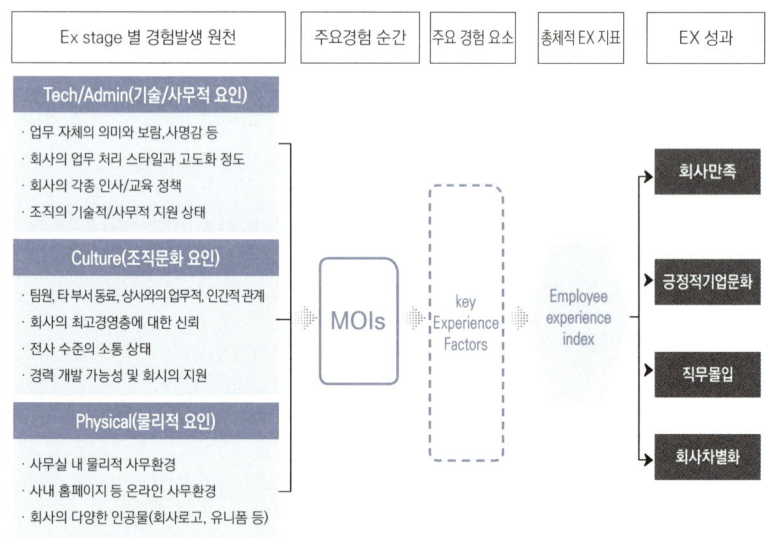

한국리서치의 Employee Experience Survey

Employee Experience Survey(EX Survey)는 직원의 직장경험 진단을 위해 직원경험의 주요 MOI를 도출하여 직원경험 수준을 파악한다. 직원 경험제고를 위한 주요 개선과제를 도출하여 긍정적 경험설계에 활용할 수 있는 주요 정보를 제공한다. EX 서베이는 장영균 교수의 EX 모델을 바탕으로 다음과 같은 진단 프레임워크로 구성한다.

- 직원 계층(세대)별/Ex 단계 별 주요 경험내용 수집
- 직원 대상 설문조사를 통해 Ex 단계에 따른 경험평가
- EX 경험개선이 필요한 직원계층별, EX 단계별 핵심 요인 도출. EX 경험설계를 위한 Workshop 진행

PART 15
마케팅의 비용과 가치를 측정해야 한다

Marketing Valuation

마케팅 의사결정을 위한 마케팅 종합정보조사의 제안

노익상 한국리서치 회장

마케팅 조사는 제품과 서비스에 대한 소비자의 선택과 수요를 조사한다. 그러나 기업의 의사결정은 수요를 아는 것 만으로 충분하지 않다. 비용과 투자에 대한 예측도 필요하다 마케팅 종합정보조사는 수요에 관한 정보 뿐 아니라 비용과 투자에 관한 정보를 동시에 제공하는 시스템이다.

한국리서치는 40년 동안 25,000건이 넘는 소비자 조사의 데이터베이스를 구축하였다. 소비자 조사 자료와 광고 시청자료를 결합하고 마케팅 비용에 대한 자료를 집적하면 적정 광고 비용과 적정 마케팅, 영업 비용에 관한 자료를 산출할 수 있다.

마케팅 조사는 제품력 조사, 구매력 및 사용실태 조사, 가격 탄력성 조사, 광고효과 사전 테스트, 시제품에 대한 구매의도 측정 조사 등을 통하여 마케터에게 다음과 같은 정보를 제공한다.

(숫자는 예시)

- 현재의 제품력으로,
- 600원의 소비자 가격에,
- 현재 광고에 상표명을 강하게 기억시키는 표현을 삽입할 때,
- 이 제품의 연간 수요는 약 200억원(오차 8억원)으로 예상된다.
- 그리고 그 수요는 전체 시장에서 15%의 점유율을 차지한다.

그러나 기업의 브랜드 매니저는 리서처에게 다음과 같은 질문을 던진다. 200억원의 잠재수요가 있다고 하자. 그러면 광고비는 얼마를 지출하여야 하나? 영업에서 취급율은 최소 몇 %를 달성하여야, 진열 점유율은 몇 %가 되어야 200억원의 매출을 달성할 수 있나? 이런 질문에 대해 마케팅 리서처의 답변은 "그것은 변수입니다. 200억원은 100%의 인지, 100%의 유통을 가정했을 때의 수요입니다"라고 답한다.

브랜드 매니저는 경영진에게 어떻게 보고하여야 하나? 경영자는 200억원의 잠재수요가 있다는 정보만으로 신제품 출시를 결정할 수 없다. 200억원의 매출을 일으키기 위해서 얼마의 비용 지출이 필요한가라는 정보도 있어야 의사결정을 할 수 있다.

투입한 제품 개발비용이 60억원, 추가로 투입할 시설투자비용이 120억원이고 여기에 감가상각을 고려하면 연간 투자비용이 얼마로 예상된다는 자료는 있다. 그러나 얼마의 광고비와 영업비용을 투입하여야 할 것인지는 아무도 말하지 않는다.

기업이 마케팅 의사결정을 하기 위해서 추가적으로 필요한 자료는 다음과 같은 것이다.

- 광고 비용은 얼마를 지출해야 하나? 그 근거는 무엇인가?
- 영업 활동의 추가 비용은 얼마로 예상되나?
  그 근거는 무엇인가?

마케팅 리서처의 역할이 기업의 마케팅 활동에 필요한 자료를 수집하는 것이라면 이 두가지 정보도 고객 기업에 제공해야 한다.

가령 다음과 같은 자료가 있다고 가정해 보자.

- 200억원의 잠재 수요를 실현하기 위해서는 타겟 소비집단인 45세 이하의 주부 중 적어도 40%가 이 상표를 도움없이 기억해야 한다.

- 40%의 비보조인지 소비자 중 60%, 즉 24%의 주부가 이 제품을 구매할 의향이 있을 것이다.

- 출시 후 6개월 이내에 40%의 비보조 인지율을 달성하기 위해 경쟁상표의 숫자를 고려하여 (45세 이하 도시 주부 대상으로) 1,600%의 GRP가 필요하고 1,600%의 GRP를 달성하기 위해 15억원의 TV 광고비용을 지출해야 한다.

- 24%의 주부가 제품을 구매하려면 슈퍼마켓의 80%, 소매점의 50%에서 그 제품을 진열하고 판매하여야 한다.

- 기업의 유통자료에 의하면 80%의 슈퍼마켓 입점율을 달성하려면 18억원의 직, 간접비용이 소요되며 50%의 소매점에 진열

하려면 12억원의 비용이 추가된다.

- 따라서 200억원의 수요에서 유통 마진을 제외하면 실제 매출은 120억원이다. 이 금액을 실현하려면 6개월 간 15억원의 TV 광고비(12.5%)와 30억원의 추가 영업비용(25%)을 투입해야 한다. 제품 개발비와 시설비용은 감가상각을 고려하여 연간 각각 10억원, 20억원, 재료비는 34억원(28%), 포장원가는 10억원(8%) 이다.

표 29-1 신제품 "가"의 예상 매출과 비용

예상 매출	120억원(연간)
개발비 감가상각	10억원
시설비 감가상각	20억원
광고비	15억원
영업비	30억원
재료비	34억원
포장비	10억원
일반관리비	12억원
비용합계	131억원 (재무비용 제외)

이제 이 제품을 출시할 것인가, 아니면 출시를 보류할 것인가? "해볼 만하다. 그만한 위험부담은 감당할 수 있다." 그렇다면 신제품의 출시를 결정한다.

- 제품 담당자는 정량조사, 정성조사 보고서와 그간의 경험과 아이디어를 모아서 광고 전략의 방향과 표현을 점검하고 지역 별, 경로 별 영업계획과 목표를 작성한다. 마케팅 리서처, 경영자, 제품 담당자가 각자의 역할을 수행한 것이다.

- 물론 경영자는 이 제품의 출시를 보류할 수도 있다. 그 결정은 기업의 재무적 상황과 기업가의 통찰적 판단에 의해서 내려진다.

그런데 이와 같은 자료 없이 "200억원의 매출 수요는 알겠다. 그런데 이 제품의 광고 예산은 출시 후 6개월 간 8억원이고 영업 예산은 20억원이다. 이만큼의 마케팅 비용과 영업 비용을 집행하면 200억원의 매출을 달성할 수 있나?" 라는 질문을 한다. 마케팅 리서처는 "그건 모르겠습니다. 하여튼 200억원의 잠재 수요는 있습니다." 라고 대답한다.

마케팅 조사는 "마케팅 의사결정에 필요한 자료를 기업의 내부와 외부에서 수집하여 그것을 하나의 흐름으로 잘 엮어서 제공하는 것"이다.

"A structured, interaction complex of persons, machines, and procedures designed to generate an orderly flow of pertinent information, collected from both intra- and extra-firm sources, for use as the basis for decision-making in specified responsibility of marketing management" (Marketing Research Handbook)

마케팅 의사결정에 필요한 정보는 수요예측 정보만이 아니다. 수요 현실화를 위한 비용 예측도 마케팅 의사결정에 필요한 정보이다. 따라서 마케팅 리서처는 수요 예측 뿐 아니라 마케팅 비용에 대한 결과의 예측도 제시하여야 한다.

광고비가 8억원이고 과거 광고노출자료에서 평균 GRP가 1,600% 이고 비보조 인지율은 25% 수준이 예상된다. 그렇다면 200억원 매출의 전제조건인 40% 비보조 인지율의 6할, 영업비용의 추가 예산이 12억원이면 슈퍼마켓 진열율은 70%를 넘기 어렵고 소매점은 50%까지 진열이 가능하다. 그럴 경우 200억원 잠재 수요의 5할인 100억원의 매출을 예상할 수 있거나 혹은 200억원 매출에 도달하는데 6개월이 추가로 소요된다는 근거를 제시할 수 있다면 마케팅 리서처는 제 역할을 수행한 것이다.

기업은 잠재 수요만을 근거로 투자를 결정할 수 없다. 기업의 의사결정에 필요한 것은 자료에 근거한 손익계산서의 예측이다. 마케팅 컨설팅을 전문가의 개인적인 경험에 의존하면 그 컨설턴트는 오래 가지 못한다.

체계적이고 지속적인 자료를 집적하고 현실에 적합한 모델을 개발하여 적용하여야 마케팅 의사결정을 위한 정확한 정보를 제공할 수 있다. 위와 같은 자료를 제공하는 것이 마케팅 조사자가 해야 할 역할이고 또 실행 가능한 목표이다. 상표 마케팅 지표, TV 광고 노출 자료, 소매점 자료를 제품군별, 유사 상표별로 집적하면 위와 같은 자료를 제공할 수 있다.

소비자 추적조사, 광고비와 광고 노출의 상관 관계, 소매점 취급율과 시장 점유율의 상관관계 그리고 이 모든 정보의 종합적인 모델을 구축하여 잠재수요(potential market size) 뿐만 아니라 기업의 마케팅 비용에 따른 판매예측(sales forecasting)을 가시화할 것을 제안한다.

박람회, 전시회의 마케팅 ROI를 어떻게 측정할 수 있나?

30 research note

강호진 한국리서치 마케팅조사 사업1본부

    매년 1월 초 미국 라스베이거스에서 개최되는 CES에는 전 세계 기업이 첨단 기술 제품을 전시하고 다양한 마케팅 활동을 한다. 많은 기업은 CES와 같은 글로벌 마케팅 이벤트에 참석하기 위해 매년 상당한 예산을 투입한다.

    이벤트 마케팅은 얼마나 성과가 있나. 마케팅 이벤트의 성과를 어떻게 정량적으로 측정하고 관리할 수 있나. 여기서는 박람회, 전시회 등 마케팅 이벤트의 ROI 성과를 계량화된 수치로 측정하고 관리하는 방법을 소개한다.

    박람회 마케팅을 대행하는 전시 또는 전람 업체는 이벤트 행사의 마케팅 가치를 효과적으로 전달하기 어려운 위치에 있다. 이벤트 마케팅으로 수익을 얻는 입장에서 마케팅 효과가 별로 없거나 아주 적다고 말하기 어렵기 때문이다.

기업의 마케팅 담당자들은 실제 매출로 직결되는 박람회, 전시회의 성과를 계량화하여 측정하거나 투자 수익을 계산하지 않는 것이 일반적이다. 경영진이 이러한 요구를 하지 않을 수도 있고 마케팅 효과를 측정하는 적절한 방법을 탐색하지 않았을 수도 있다.

그러나 마케팅 담당자는 박람회, 전시회가 가치있는 투자인지의 여부를 실증적인 데이터를 기반으로 입증할 필요가 있다. 박람회 및 이벤트 마케팅의 투자 가치를 측정하고 입증하면 향후 제품 개발 및 마케팅 커뮤니케이션 방향을 수립하는 유용한 자료가 될 수 있다.

박람회, 전시회의 ROI 가치 측정은 회사의 매출에 미칠 효과를 파악하고 박람회 및 이벤트를 통한 통상적인 비용 절감액을 계산하며 회사의 매출에 미칠 예상되는 효과를 파악하여 투자 회수율을 결정하는 네 가지 단계로 계량화할 수 있다.

- 1단계: 회사의 매출에 미칠 효과를 파악
  (Estimated Revenue)
- 2단계: 박람회 및 이벤트를 통한 비용 절감액 계산
  (Total Cost Savings)
- 3단계: 프로모션 활동 성과 및 인상 가치 측정
  (Total Promotional Value)
- 4단계: 투자 회수율 결정
  (Payback Ratio)

1단계: 회사의 매출에 미칠 예상되는 효과를 파악 (Estimated Revenue)

이벤트 현장에서 거래가 완료되지 않기 때문에 박람회, 전시회의 예상 수익은 쉽게 추정하기 어렵다. 현장에서 수집한 잠재고객(the lead) 리스트가 영업팀에 전달된 후 실제 판매로 성사되기까지는 몇 개월 혹은 몇 년이 걸릴 수도 있다.

마케팅 이벤트에서 창출되는 예상 수익은 사내 영업 부서의 자료와 몇 가지 가정하에 다음 방정식을 사용하여 그 가치를 대략적으로 추정할 수 있다.

- 잠재고객 수: 이벤트 기간 중 영업 부스 방문자 수
- 거래성사율: 영업 팀이 추정한 궁극적으로 판매 또는 계약이 성사되는 박람회 잠재고객의 평균 비율
- 판매 또는 계약금액의 평균 가치: 이벤트에서 여러 제품을 소개하는 경우 각 제품에 대한 관심 수준에 따라 산정한 판매액 또는 계약금액의 가중 평균

표 30-1 예상되는 매출 추정 예시

수식	항목	예시
	영업 잠재고객 수	300명
x	거래성사율	10%
x	평균 계약/판매 금액	3,000만원
+	고객유지/상향판매/교차판매 추정 수익 (옵션)	0원
=	예상되는 수익(Estimated Revenue)	90,000만원

이 공식은 판매부서의 실제 자료를 기반으로 신뢰할만한 잠재 수익 추정치를 산출한다. 이벤트에 기존 고객이 몇 명 참석했는지 확인하여 기존 고객의 마케팅 가치를 별도로 계산한다. 상향판매(up-selling) 및 교차판매(cross-selling)의 가치를 추정할 수도 있다.

2단계: 박람회 및 이벤트를 통한 통상적인 비용 절감액 계산 (Total Cost Savings)

박람회, 전시회 이벤트는 직접적인 수익 창출 이외에 경비를 절약할 수도 있다. 이벤트의 가치 평가에 박람회, 전시회에서 절감한 비용도 포함해야 한다.

박람회에서 50명의 VIP 고객들과 일대 일 회의를 가졌다고 가정하자. 고객들과 개별적으로 회의를 한다면 출장비 및 관련 비용을 계산할 수 있다. 개별 고객과의 회의에 평균 100만원이 소요된다면 박람회 기간 중 5,000만원을 절약할 수 있다.

박람회로 인한 비용 절감액을 계산하려면 다음 정보를 수집하여 공식에 적용한다.

- 평균 회의 비용: 임원, 영업, 채널 파트너, 전략적 제휴, 기술 전문가, 협회 회원, 투자자 및 업계 분석가 간의 평균 회의 비용을 결정한다. 시설 임차료뿐만 아니라 시간, 출장 관련 비용도 고려하며 영업조직이 회의를 진행하기 위해 투여하는 간접비도 함께 산정한다.

- 영업 현장 컨택 비용: 박람회는 영업사원이 평소 전화로 고객을 컨택하는 비용을 절감한다. 전화 컨택으로 인해 발생되는 비용은 간접비를 포함하여 평균 회당 10만원에서 최대 300만원이 소요된다.
- 고객 정보 취득 비용: 판매 및 마케팅 고객 정보 취득과 관련된 비용을 산출할 수 있다. 무역 박람회는 새로운 잠재 고객의 연락처를 현장에서 수집할 수 있는 기회이며 개별적으로 연락처를 획득하는 비용을 절감한다.
- 기타 비용 절감액: 박람회에서 현장 판매 활동 또는 향후 기업 이벤트를 위한 창의적 자료의 재사용 등 비용 절감 활동의 가치도 계산한다.

표 30-2 비용 절감액 추정 예시

수식	항목	예시
	평균 미팅 비용 X 박람회장 미팅 건수	100만원 X 50회
+	최종 고객 접근까지의 평균 컨택 비용X 박람회장에서 검증된 잠재고객 수	10만원 X 300명
+	고객 데이터베이스 정보 획득 비용X 박람회장에서 고객 컨택정보 수집 수	5만원 X 500건
+	기타 비용 절감 요인 (타 행사 시 전시제품 사용 등)	2000만원
=	총 절감 비용(Total Cost Savings)	12,500만원

3단계: 프로모션 활동 성과 및 인상 가치 측정 (Total Promotional Value)

박람회에서 생성된 마케팅 인상 효과(impression)의 가치는 다이렉트 마케팅 효과, 미디어 노출 효과, 현장 프로모션 효과, 전시회 효과의 4가지 범주로 나눈다. 기업의 부스에 찾아오는 방문자들과 통로를 지나가는 관람객도 인상 효과(impression)로 간주할 수 있으며 오프사이트 이벤트 활동도 포함한다.

다음 단계에서는 총 인상 효과(Gross Impression, GI)와 타겟 고객의 인상 효과(Target Impression, TI)를 추정한다. 박람회 기획자나 대행사를 통하여 등록 구역의 간판이나 공식 스폰서가 창출하는 인상 효과에 대한 정보를 확보한다.

광고, 홍보 부서는 인상 효과의 가치를 정량화할 수도 있고 광고나 직접 마케팅을 통해 동일한 노출 효과를 획득하는 비용을 활용할 수도 있다. 회사 광고를 집행하는 정기 간행물의 전체 페이지 광고 비용을 발행 부수로 나눈 비용을 설정한다.

이러한 방식으로 인상 효과(Gross Impression, GI)의 가치를 정량화하고 1인당 인상 효과(impression)의 비용을 산출할 수 있다. 그런 다음 광고의 목표 프로파일에 맞는 독자 비율(%)을 결정하고 타겟 고객수(Target Impression, TI) 값을 할당한다.

다음 공식으로 총 인상 효과(GI)와 타겟 고객 인상 효과(TI)의 추정이 가능하다.

표 30-3 총 인상 효과 추정 예시

수식	항목	예시
	다이렉트 마케팅을 통해 정보를 획득한 사람수 (GIs from direct marketing)	1,000명
+	홍보기사 등 박람회 관련 기사/광고를 낸 매체의 도달율 기준의 사람 수 (GIs from media coverage)	15,000명
+	실제 체험을 해보거나, 현장에서 프로모션 행사에 참여한 사람수 (GIs from on-site promotion)	500명
+	박람회 방문객 수 (GIs from exhibit)	1,000명
=	총 인상률(Total GIs)	17,500명
x	고객 한 명에게 인상을 심어주기 위한 비용	5만원
=	총 인상 가치 (Total Value of GIs)	87,500만원

표 30-4 타겟 인상 효과 추정 예시

수식	항목	예시
	다이렉트 마케팅을 통해 정보를 획득한 타겟 고객수 (TIs from direct marketing)	200명
+	홍보기사 등 박람회 관련 기사/광고를 낸 매체의 도달율 기준의 타겟고객 수 (TIs from media coverage)	1,000명
+	실제 체험을 해보거나, 현장에서 프로모션 행사에 참여한 타겟고객 수 (TIs from on-site promotion)	50명
+	박람회 타겟 방문객 수 (TIs from exhibit)	100명
=	총 타겟고객 인상률(Total TIs)	1,350명
x	타겟고객 한 명에게 인상을 심어주기 위한 비용	15만원
=	총 타겟 고객 인상 가치 (Total Value of TIs)	20,250만원

타겟 고객은 프로파일에 부합하는 고객을 유추할 수 있다. 박람회 배지나 명함을 확인하거나 매체를 주로 보는 고객 프로파일, 성연령 등으로 비율을 추정한다.

타겟 고객 인상 효과(TI)는 총 인상 효과(GI) 수치에도 중복되어 표시되므로 TI의 추가 값만 계산하거나 인상 효과를 중복하여 계산하지 않도록 총 인상 효과(GI)의 가치에서 타겟 고객 인상 효과(TI)의 순수 추가 가치를 추출하여 추정한다.

표 30-5 타겟 고객 인상 효과 가치 추정 예시

수식	항목	예시
	총 타겟 고객 인상률(Total TIs)	1,350명
x	한 명 타겟 고객에게 인상을 심기 위한 비용 - 한 명 일반 고객에게 인상을 심기 위한 비용	10만원 (15만원 - 5만원)
=	타겟 고객 추가 가치	13,500만원
+	총 인상률 가치 (Total Value of GIs)	87,500만원
=	총 타겟 고객 인상률 가치 (Total Promotional Value)	107,750만원

4단계: 투자 회수율 결정 (Payback Ratio)

마케팅 이벤트의 예상 수익, 비용 절감 및 마케팅 커뮤니케이션 가치를 계산한 후 모든 항목의 수치를 종합하여 이벤트에서 창출되거나 절감되는 예상 가치를 추정한다.

표 30-6 총 창출 가치 추정 예시

수식	항목	예시
	1단계: Estimated Revenue	90,000만원
+	2단계: Total Cost Savings	12,500만원
+	3단계: Total Promotional Value	107,750만원
=	Total Estimated Value Derived from the Event	210,250만원

마케팅 이벤트의 정량적 가치를 총 투입 예산으로 나누어 투자 회수율 혹은 ROI를 산출하면 마케팅 이벤트의 총체적 평가를 위한 기준으로 활용한다.

표 30-7 투자회수율 추징 예시

수식	항목	예시
	Total Estimated Value	210,250만원
÷	박람회에 들어간 비용	50,000만원
=	4단계: 투자 회수율 (Payback Ratio)	4.2배

마케팅 이벤트의 ROI 측정은 다음과 같은 질문에 도움이 된다.
- 이 이벤트는 우리 기업에 충분한 가치를 제공하나?
- 이 이벤트에 대한 투자를 조정해야 하는가?
- 우리 기업의 마케팅 이벤트 중에서 임팩트가 가장 큰 이벤트는?

마케팅 이벤트의 ROI를 산출하면 각각의 프로그램을 평가하고 다음 해에 얼마를 지출하고 어떤 이벤트를 후원할지 결정할 수 있다. 연간 참여하는 모든 박람회에서 평균 투자 회수율을 계산하고 앞으로 참석할 가치가 있는지 판단한다.

마케터를 위한 리서치 노트 ❷

초판 발행 2019년 10월 5일
발행인   노익상
발행처   (주)한국리서치
등   록 제1997-000109호(1997년 10월 6일)
주   소 06122 서울특별시 강남구 봉은사로 179(H타워)
전   화 02-3014-1000 팩스 02-3014-0770
ISBN   978-89-87833-03-3 (93330)

편집·제작 오롬(주) 02-2273-7011
*잘못된 책은 구입하신 서점에서 바꾸어 드립니다.
*책값은 뒤표지에 있습니다.

이 도서의 국립중앙도서관 출판예정도서목록(CIP)은 서지정보유통지원시스템 홈페이지(http://seoji.nl.go.kr)와
국가자료종합목록 구축시스템(http://kolis-net.nl.go.kr)에서 이용하실 수 있습니다. (CIP제어번호 : CIP2019038207)